自分らしい生き方を貫く

樹木希林の言葉

桑原晃弥

自分らしく、人としてどう生きるか

２０１８年９月に樹木希林が亡くなって以降、テレビや雑誌の特集などで樹木の名言・格言がたくさん紹介されるようになりました。それからしばらくすると樹木の名前を冠した本が何冊も出版され、いずれもがベストセラーになり、多くの方が樹木の言葉に励まされ癒されることになりました。

これまでもたくさんの名優がいましたが、亡くなった後に樹木のようなブームを巻き起こしたのは初めてのことではないでしょうか。一体、樹木の言葉はなぜこれほどにたくさんの人の心に届いたのでしょうか。

私が樹木を初めてテレビドラマで目にしたのは森繁久彌《もりしげひさや》主演の『七人の孫』（当時の芸名は悠木千帆《ゆうきちほ》）ですが、強烈な印象を受けたのはやはり『時間ですよ』や『寺内貫太郎一家』です。当時は今と違ってテレビはお茶の間の主役であり、そこに登場する人たちは紛れもないスターであり、人気者でした。

しかし、そんな中にあって樹木はどこか違う存在感を放っていたのがとても印象的でした。樹木は、本の中でご本人も認めているように、いわゆる美人女優ではありません。それどころか、『寺内貫太郎一家』では30代でありながら、孫役の西城秀樹さんから「汚ねえなあ、ばあちゃん」と言われるようなおばあさん役を演じていました。今なら樹木のような役者は「名脇役」とか、「名バイプレイヤー」と呼ばれるのかもしれませんが、当時の私の目には堺正章《まさあき》さんと軽妙なやり取りをする風呂屋の従業員「浜さん」であり、意地悪だけどコミカルな「きんばあさん」として、そこになくてはならない存在でした。

その後も樹木は数々のドラマや映画、CMに出演、人気者であり、かつ名優としての地位を確立していくわけですが、樹木を見る多くの人が感じていたのが「唯一無二の存在」であることでした。『この世を生き切る醍醐味』(朝日新書)で樹木にインタビューをした石飛徳樹《いしとびのりき》が「誰もここに行こうとしないところを歩いていらっしゃる」と表現していますが、それこそが樹木の魅力だったように感じます。

そして、それを可能にしたものこそが「人と比べなくてもいいんだ」という生き方でした。この世に生きるほぼすべての人は、何かしらの劣等感を持っているものです。本来、劣等感そのものは努力と成長への刺激となるものですが、時に落ち込んだり、成長を阻害する、あるいは他人を傷つける原因ともなります。

人はやたらに他人と自分を比べたり、他人からの評価を気にするわけですが、それればかりに気を取られてしまうというのは決して好ましいことではありません。他人の批評ばかりを気にしていると、自分らしい生き方ができなくなってしまいますし、他人と自分を比べて批評や批判をしたところで、自分自身が成長できるわけではありません。

そんな自分が嫌になり、ふと「もっと自分らしく生きたいなあ」とも思うわけですが、それでも「他人の目」や「他人の声」を気にしてしまうのが辛《つら》いところです。そんなある種のしがらみから離れ、自分らしい生き方を貫いたところに樹木の何とも言えない魅力があります。

樹木は小学校時代の水泳大会で「人と比べなくてもいいんだ」ということに気付いて以降、自分と他人を比べることをしなくなったといいます。樹木が生きた芸能界というのは人気やギャラ、好感度や賞など、嫌でも比較がついて回るはずですが、樹木自身は「自分が自分の作品を批評する」ことはあっても、他人の批評は気にならなかったといいます。

過去の作品についても、台本は捨ててしまい、作品を見返すこともなかったといいますから徹底しています。他人の目を気にすると、どうしても「他人によく言われたい」「他人によく見られたい」と、「他人の目にどう映るか」ばかりを気にするようになります。それでは自分らしい生き方などできなくなってしまいます。

今の時代、ＳＮＳの発達もあり、やたらと「他人の声」が目に入り、気にかかりますが、大切なのは「自分らしく、人としてどう生きるか」です。それでもつい迷いが生じた時には、本書で紹介した樹木希林の言葉の数々に目を通してみてはいかがでしょうか。そこには、他人と比較して自分を固めるのではなく、自分らしさを追い求め、あくまでも自分らしく生きた人生からにじみ出た、素晴らしい言葉が存在しています。

本書が今を生きる皆さまの支えとなればこれに勝る幸せはありません。

本書の執筆と出版にはリベラル社の伊藤光恵氏、安田卓馬氏、仲野進氏にご尽力いただきました。心より感謝いたします。

桑原　晃弥

第一章　自分らしく生きる

第二章 役者として生きる

第二章　人と生きる

第四章 ものと生きる

第五章　老いを生きる

第六章 病と生きる

第七章　人生の勘どころ

WORDS OF KIRIN KIKI

第一章

自分らしく生きる

WORDS OF KIRIN KIKI 01

人のせいにせず、すべて自分が引き受ける

原因は全部自分にあると思ってればね、愚痴は出ないのよ。

▼『この世を生き切る醍醐味』

対人関係も含め、世の中というのは思い通りにならないものです。結果、「もうちょっと景気がよければなあ」「夫の稼ぎがもっとよければ」「子どもの出来がもうちょっとよければ」などと愚痴をこぼしながら生きていくことになります。しかし、樹木希林の娘・内田也哉子《ややこ》によると、「お母さんって愚痴っていうのを言ったことがない」といいます。

　樹木の人生は傍《はた》から見ると決して順風満帆とは言えません。夫の歌手・内田裕也は時に問題を起こすこともあり、別居していたとはいえ気苦労の多い結婚生活、夫婦生活を送っていますし、子育ても1人で担っています。さらに後半生は病との闘いでもありました。これではたいていの人なら愚痴を言いたくなるものですが、樹木は也哉子が言うように、愚痴を言うことはまずありませんでした。

「原因は全部自分にあると思ってればね、愚痴は出ないのよ」

　樹木によると、「人のせいにしていると（人間として）なかなか成熟しない」といいます。それより、何があっても、どんな結末でも「すべては自分が引き受ける」という覚悟さえあれば、愚痴など出ないし、考えるべきは「ここからどうするか」だけなのです。

WORDS OF KIRIN KIKI 02

日常をしっかり生きてこそ「まさか」に対応できる

誰もが何が起こるか分からない日常を生きていて、何か起こった時に、今度はこう来たかと思って乗り越えていくしかない。そのためには、普段から日常をしっかり生きることが大切。

▼『おとなの週刊現代』

ものづくりの世界では、災害や事故といった大事において冷静に対処するためには、小さな事故が起きた時の対応が大切だと言われます。普段から当たり前のことを当たり前に、しかし徹底してやっておけば、大事においても慌てずに対応できますが、それを怠ると大事に際してただ慌てふためくことになるのです。

樹木希林は普段からスタイリストなどをつけず、すべてを自分でこなしていました。ある時、映画『海よりもまだ深く』で共演した俳優の橋爪功《はしづめいさお》と雑誌の表紙写真を撮影することになった樹木ですが、撮影後にそのまま成田空港に向かうため、樹木が用意していたのは黒の洋服1点のみでした。ところが、現場で編集者が希望したのは「春らしい服」でした。

樹木は咄嗟《とっさ》に、橋爪のスタイリストが橋爪用に用意していた予備の洋服の中から選んで撮影に臨みますが、それはしっかりと「春らしい絵」になったのです。普通の人ならパニックになるところですが、普段から自分でスタイリングをしていた樹木にとってはそれほど難しいことではありませんでした。人生には「まさか」がつきものですが、そんな時に慌てないためにも「普段から日常をしっかり生きなければならない」が樹木の考え方です。

WORDS OF KIRIN KIKI 03

「人生、上出来」と思いながら生きていく

人生なんて
自分の思い描いた通りに
ならなくて当たり前。

▼『一切なりゆき』

夏休みの計画ではありませんが、いくら計画を立てたとしても、その通りにできることは滅多にありません。そのためでしょうか、ある経営者が成功の理由を聞かれ「大切なのは『計画通り』よりも『チャンスをいかにつかむか』だ」と話していたのが印象的でした。

樹木希林は父親の勧めで薬剤師になることを目指しますが、受験の直前に骨折したことなどもあり、薬科大学への進学を諦めました。そして新聞で偶然目にした文学座附属演劇研究所を受験しています。もっとも、周りの応募者が「シャレ者」だらけの中、樹木1人が学校の制服で受験していますから、それは樹木にとっても、想像もしていなかった進路だったのも事実です。しかし、そんな偶然が役者への道を開いたのですから、人生とは不思議なものです。

樹木によると、「こんなはずでは」というのは、自分の目指していたものや、思い描いていた幸せとは違うから生まれる感情です。しかし、樹木はこれまでそんな感情を抱《いだ》いたことはないといいます。

それは、常々「人生なんて自分の思い描いた通りにならなくて当たり前」と考えていたからであり、いつも「人生、上出来だわ」と思っていれば、嘆くこともなければ、世の中を恨《うら》むこともないのです。

WORDS OF KIRIN KIKI 04

人と比べず、自分なりの幸せを見つけよう

幸せというのは
「常にあるもの」ではなくて
「自分で見つけるもの」。

▼『一切なりゆき』

1981年以降に生まれ、2000年以降に成人を迎えた世代を「ミレニアル世代」と呼びます。この世代の特徴としてしばしば指摘されるのが、①物質的な豊かさよりも精神的な豊かさを求める ②社会貢献性の高い仕事に興味がある―などです。それ以前の「出世したい」「お金持ちになりたい」とがむしゃらに働く世代とは一線を画しています。

では、どちらの生き方が「幸せ」かというと、「幸せ」の基準は人によって違うというのが樹木希林の考えです。樹木によると、幸せというのは「常にあるもの」ではなく、「自分で見つけるもの」

であり、「傍《はた》からは地味でつまらない人生に見えたとしても、本人が本当に好きなことができていて、『ああ、幸せだなあ』と思っていれば」、その人の人生はキラキラと輝いた、とても幸せな人生と言えるのです。

樹木は他人と自分を比べることをせず、自分の頭で考え、自分の責任で行動することを信条としていました。大切なのは自分と誰かを比べて優越感に浸ったり、他人を羨《うらや》んだりすることではありません。自分が好きなことをして、それを面白がることができれば、他人の価値観に振り回されず、そこに幸せが見つけられるのです。

WORDS
OF
KIRIN
KIKI

05

求めすぎず、もっと楽に生きてみよう

自分の身の丈にあったレベルで、そのくらいでよしとするのも人生です。

▼『一切なりゆき』

「日本の資本主義の父」と呼ばれた渋沢栄一は多くの企業経営に関わってはいますが、富には淡白で、「金はたくさん持つな、仕事は愉快にやれ」を信条としていました。理由は、人の欲望には際限がなく、小金よりも大金を、他人より余分に金を貯めたいと苦心する貪欲《どんよく》な虎狼《ころう》が、結局は国を危うくすることをよく知っていたからです。

樹木希林は、こうした「欲」の持つ怖さについて、こう言っていました。

「欲と雪は積もるほど道を忘れるっていうじゃない」

他人と比べる生き方をしていると、「あっちの方が金持ちだ、それに比べて私は」などと嫉妬《しっと》したり、時に優越感に浸って人を見下したりするようになりますし、「もっと、もっと」とひたすらにお金やものを追い求めるようになります。

樹木はそんなことに振り回されるのではなく「みんなもっと楽に生きたらいいんじゃないか」と考えていました。著書の中で、こう言っています。

「求めすぎない。欲なんてきりなくあるんですから。足るを知るではないけれど、自分の身の丈に合ったレベルで、そのくらいでよしとするのも人生です」

WORDS OF KIRIN KIKI 06

世の中の意見に流されず、自分で決める

常に個人的にものを考えるんですね。世の中はどうだというふうには考えないんです。

▼『おとなの週刊現代』

ネット社会の特徴の1つは、「世の中のトレンド」と言われるものが瞬時に分かることです。今売れているものは何か、今流行しているものは何か、世の中の大勢はどのようであるかなどが、すぐに分かります。中にはそんな流行に乗り遅れまいと懸命に後を追う人もいますが、樹木希林の信条は「世の中はどうだというふうには考えず、常に個人的にものを考える」ことでした。

そんな樹木らしさが発揮されたことの1つが、がんの治療法でした。樹木も最初は家族の勧めでホルモン剤治療を試みましたが薬が身体に合わず、体調を崩しがちになりました。そこで樹木は自分でさまざまな治療法を調べ、最終的に鹿児島市の「UMSオンコロジークリニック」での放射線治療を選んでいます。理由は、病気と闘い続ける毎日が辛《つら》いなら治療も意味がないし、生活の質を下げたくもなかったからです。

医師の鎌田實《みのる》によると、樹木は専門家の話は聞くけれども、自分の人生を人に委《ゆだ》ねることはなく、自分に最も適したやり方を自分で選べた人だといいます。世の中の意見に安易に流されることなく、常に自分で考え、自分で決めるというのが樹木の生き方でした。

WORDS OF KIRIN KIKI 07

欲にとらわれるな、信じる道を進めなくなる

私のことを怖いという人もいるけど、それは私に欲というものがないからでしょう。

『おとなの週刊現代』

樹木希林は若いころから誰に対しても、言いたいことははっきりと言ってきました。あるテレビドラマの収録でのことです。ディレクターが台本だけ見て、顔も上げずに「用意、スタート」「はい、OKです」と言ったところ、樹木は「なんで今のがOKなの？」と聞き返しました。慌てたディレクターが「あ、じゃあもう一回」と言ったので、樹木が「どこを直すの？」と質問したら、「じゃあ、いいです」となったといいます。

そのディレクターは後にそのテレビ局の社長になりますが、樹木は当時を振り返って「ケンカはしとくもんだな」と話しています。特にいいことがあったというわけではなく、相手が誰であれ、言うべきことは言うというのが樹木の若いころからのスタイルでした。

そんな樹木を「怖い人」と評する人もいますが、樹木は意に介していません。樹木がなぜ怖いのか。それは「欲がないから」というのが樹木の考えです。

人間は欲や執着があると、それが弱みになりますが、樹木にはそうした執着はなく、「人としてどう生きるか」が一番の関心事だといいます。権威や権力を持つ人にとって最も怖いのは、実は樹木のような「無欲な人」なのです。

WORDS OF KIRIN KIKI 08

人と比較せず、自分らしく生きる

「歩き競走」の経験で、
私は人と比較しない人間だということを
自覚しました。そして「比べなくても
いいんだ」とはっきり分かった。

▼『この世を生き切る醍醐味』

たいていの人は、何かしらの劣等感を持っています。そのため、やたらと他人と自分を比べたり、他人からの評価を気にかけるわけですが、特に問題なのは、他の人が自分より優れているからと、「努力してもムダだ」「どうせ勝てっこない」と投げやりになることです。

樹木希林は小学校6年生で貴重な経験をしています。樹木の通っていた学校では水泳大会があり、全員出場が義務づけられていました。クロールや平泳ぎなどいろいろな競泳種目があり、泳ぎの得意な子はそこに出ますが、競泳が苦手な樹木には出られる種目がありませんでした。

そこで、主に低学年が参加する「歩き競走」への出場を決めます。

6年生でその種目に出る者はおらず、樹木は見事に1等賞を獲得しました。周りからは「何だ、こいつ」と言われましたが、この時、樹木が感じたのは恥ずかしさではなく、「こうやれば1等賞はもらえるんだ」というものでした。

同級生と比較して、泳ぎが得意だ苦手だと自慢したり悩んだりするのではなく、自分の選んだ、自分にできることをやればいいのです。「人との比較じゃないんだ」ということを学んだ樹木は、それから「ずっとすごく楽」だったといいます。

WORDS OF KIRIN KIKI 09

人から評価されることの危うさを自覚しよう

こういうもの（優等生の判子）をいただくと、
狭い人間になってしまいがちだから、
少しゆとりを持って、いろんなものを
見るような生徒にならなきゃいけませんよ。

▼『この世を生き切る醍醐味』

この言葉は、樹木希林が千代田女学園時代、全校生徒の中で2人だけ「優等生」の判子をもらった際に、担任の先生から言われた言葉です。その時は「はい」と答えただけでしたが、「その言葉がすごく記憶に残った」と樹木は話しています。

どんな賞であれ賞をもらうというのは嬉しいものですが、時に大きな賞をもらうことでいい気になって自分を見失う人もいれば、賞に縛《しば》られて自分らしさが発揮できなくなる人もいます。「世界の盗塁王」の福本豊は、国民栄誉賞の表彰対象となった時に、「立ちションベンできなくなるがな」という驚きの理由で辞退しましたが、感謝しながらも辞退したのは、あくまでも自分らしく生きたいという考えの表れだったのでしょう。

樹木は2014年に旭日小綬章《きょくじつしょうじゅしょう》を授与されています。樹木自身は断ろうとしましたが、夫・内田裕也の「四の五《しのご》の言わずにもらっとけ」の一言で受ける決断をしています。そしてその際、記者から後進への言葉を求められ、「人から評価されるのは危険なことです」と言っています。賞をもらったからといい気にならず、狭い人間にならず、ゆとりを持って、いろんなものを見る人間でなければならないというのが樹木の考え方でした。

WORDS OF KIRIN KIKI 10

先の見えない辛かった時期を忘れるな

目標がないというのはあれね、本当につらいものね。（中略）でも、人生の転換期にはちょうど必要な時間だったんじゃないかしら。

▼『この世を生き切る醍醐味』

樹木希林が役者の道へ進んだのは運命のいたずらからでした。幼いころにはほとんど口を利《き》かない子どもだった樹木ですが、成績はよく、中高一貫の千代田女学園では全校生徒の中で2人だけの「優等生」になったほどです。

卒業後の進路は「お前のように生意気な子は、結婚してもすぐ別れるだろうから、食いっぱぐれのないように、資格があった方がいい」という父親の勧めで薬科大学の受験を決めています。しかし、数学が苦手な樹木は、何校か願書を取り寄せ、受験勉強はしたものの「もうダメだろうなぁ」と諦めかけてもいました。

そんな時、父親が北海道の夕張に遊びに行くことになり、ついていった樹木はスキーの真似事をして足を骨折したのです。卒業式にも出席できず、受験もできなかった樹木は「一人で取り残された感じ」になり、この時の疎外感や絶望感は晩年になっても忘れられなかったといいます。樹木は2カ月間も外に出られませんでしたが、その時に見つけたのが劇団の研究生募集で、それが樹木を役者の道へ進ませることとなったのです。それは樹木が考えてもいなかった道でしたが、家にいるだけの2カ月間は「人生の転換期にはちょうど必要な時間」だったのです。

WORDS OF KIRIN KIKI 11

隠さず、逃げず、正直にさらけ出せ

隠したいと思うから、人はのぞきたいんです。「私、こんなです！」と出してしまえば、人は、「結構です。もう結構です！」と言うもんです。

▼『老いの重荷は神の賜物』

「世界一の投資家」ウォーレン・バフェットが自分の子どもたちに言い聞かせていたことの1つは「どんな状況であっても、嘘をついてはいけない。見たまま、聞いたまま隠さずに話しておけば、もめ事に巻き込まれることはないはずだ」です。

樹木希林の夫・内田裕也は、時に週刊誌やワイドショーで騒がれるような問題を起こすことがありましたが、そんな時も樹木は決して逃げ隠れせず、記者を招いて取材に応じています。理由は「逃げたら絶対に追いかけてくる」からです。反対に「私、こんなです！」と自分からさらけ出してしまえば、たいていの人は「もう結構です！」となるものです。

樹木によると、人前に自分をさらけ出す役者という仕事をして、ほとんどは損したなと思うものの、「得したなという点」が1つだけあるといいます。それは、自分をさらすことで「自分を客観的に見ることができる」ことです。客観的に見れば、危機の時に何をすべきかを冷静に判断できます。隠したいことがあると、人はそれを知りたいと思いますが、こちらから正直に出れば誰もそれ以上追いかけようとはしなくなるのです。そんなマスコミや人間のやじ馬根性を知る樹木は、危機管理の達人でもあったのです。

WORDS OF KIRIN KIKI 12

「お金や富には限度がある」と知ろう

人間がひとり生きていって、
死ぬまでに使うお金なんて
たかだか知れていますから、
そんなものは追い求めません。

▼『老いの重荷は神の賜物』

樹木希林は、多くの不動産物件を持ち、「台本を読んでいるより不動産の情報を見ている方が好き」と言うほど不動産に並々ならぬ関心を持ち続けていました。また、ドラマや映画などの出演は来た順番とギャラで決めるとも言っています。

これだけ聞くと、お金に強いこだわりがあるように見えますが、米軍基地と隣り合わせで暮らす沖縄の若者の思いを描いた自主製作映画の記念イベントに「無料ということで荷が重くないのもいい」と無償で参加したり、わずかな出演料しか払えないと打ち明けるプロデューサーには「もらえるところからもらってるから、いいのよ」と笑い飛ばすこともあったといいます。不動産に関しても、「そういうもので儲けようという気はさらさらない」と言っています。

「富というものにも限度があります。たまたま富んでいる人は、富の限界を知らないからもっともっとと思うだけで、人間がひとり生きていって、死ぬまでに使うお金なんてたかが知れていますから、そんなものは追い求めません」

樹木にとってお金は贅沢《ぜいたく》をするためではなく、人として自立し、自分のやりたいことをやり、言いたいことを言うために必要な保険だったのです。

WORDS OF KIRIN KIKI

13

自分も他人も客観的に見よう

不器量であるために、
他人が私に関心を寄せないから、
こっちが自由に人を判断できる。

▼『いつも心に樹木希林』

樹木希林が文学座に入ったころの女優といえば、「美形じゃなきゃ女優じゃない」と言われた時代だけに、樹木は自分の容姿を「普通だ」と思ってはいても、「女優として通用する器量（容姿）じゃないことは分かっていた」と話しています。時には舞台で着飾ることもあり、「ちょっとイケるかな」と思って鏡を見ると、「決してイケていなかった」といいます。

不器量なのは本来なら役者をやるうえでマイナスになるはずですが、どんなものにもマイナスもあればプラスもあるというのが樹木の考え方です。樹木によると、不器量の得な点は、「男を見誤らない」ところにあるといいます。

「男を見誤らない」というのは、「この人はこういう人だと自分が思った通り」という意味ですが、それができる理由は「不器量であるために、他人が私に関心を寄せないから、こっちが自由に人を判断できる」からです。

子どもの頃から樹木はじっと他の人間を見ていたといいますが、それは役者となってからも大きな武器となっています。そんな観察眼を持つ樹木にとって、夫・内田裕也を含めて、すべて「納得」の出会いだったのです。

WORDS OF KIRIN KIKI 14

根のない切り花ではなく、根を張って生きていこう

地に根を張らなきゃ花も咲きませんし、散りもしません。

▼『いつも心に樹木希林』

スティーブ・ジョブズがアップルを追放され、ネクストという会社を経営していた時のことです。思うように業績が伸びていないことを指摘した記者に対し、ジョブズは「自分たちの会社は巨大な樫《かし》の木を育てているようなもので、大きく育てるために大きな根を育てているところだ」と反論しました。その言葉の通り、ジョブズはアップル復帰後、ネクストで育てた技術や人材を活かしてｉＰｏｄやｉＰｈｏｎｅを生み出したのです。

樹木希林が作家の橋本治《おさむ》との対談で強調したのが「根をしっかりと張った人しか生き残れない」ということでした。芸能界に限ったことではありませんが、世の中には見事に花を咲かせてやがて散っていく人はたくさんいます。樹木は自らのことを「あだダ花（あだ花にもなりきれないという意味）」と称したうえで、はんぱははんぱなりに努力が必要であり、日々のささいな積み重ねを続けて地に根を張らなければ花も咲かないし、散りもしないと強調しています。

どんな花であれ、突然地面に花が咲くことはありません。根があり、茎があり、葉があって初めて花は咲くし、散ることもできるのだから、根のない「切り花」になってはいけないと樹木は言うのです。

WORDS OF KIRIN KIKI

15

「他人のお金」にも厳しくあれ

私の中には、「宣伝部が（費用を）出すならいいじゃない？」という感覚はないの。かといって、「じゃあ私が出します」というほどのものでもない。

▼『おとなの週刊現代』

樹木希林は、自分のお金だけでなく、他人のお金に関しても厳しい人でした。

樹木はがんになって以降、若いころに厳しいことを言った人に会うごとにお詫《わ》びをしていますが、その理由を「謝るのは力も不要だし、タダだしケチな私にはぴったり」と笑って話しています。西麻《あざ》布《ぶ》に土地を購入した際は、美輪明宏から井戸の気を抜くことができる高僧を紹介されましたが、別の人から「自分の住む土地なら、自分でお経を上げるのが一番」と言われて自分でお経を上げており、それを「ケチの功名《こうみょう》」と呼んでいます。

これに限らず何事にも無駄を嫌っていた樹木は、仕事においても同じ姿勢を貫いていました。樹木は映画の宣伝などで撮影に臨む際にも、スタイリストもヘアメイクもつけず、すべて自分で行っています。理由は宣伝部に余計な負担をかけないためであり、「効率を考えるなら自分でやった方がいい」からでした。樹木ほどの役者に対して宣伝部が費用を出し渋るとは思えませんが、普段からスタイリストもヘアメイクもつけない樹木にとって「宣伝部が出すならいいじゃない？」という感覚はなかったのです。

樹木はお金に関して公私ともに厳しく律することのできる人だったのです。

WORDS OF KIRIN KIKI 16

この世を生き切った「豊かな人間」を目指す

私はもっと欲深いんです。
欲しいものは別のものなんです。

▼『おとなの週刊現代』

樹木希林はものはできるだけ買わず、無駄のない生活を心がけていたように「住」を除けばほとんど物欲のない人と言うことができます。それは本業の役者についても同様で、映画『あん』のキャッチコピー「やり残したことは、ありませんか?」という質問を、記者が樹木に投げかけたところ、返ってきたのは「そんなの、ありませんよ。もともと欲がないんだから」というものでした。

夫や子どもとの距離感も絶妙でした。子どもにべったりでもなければ、別居している夫の内田裕也の問題行動にも目くじらを立てることはありませんでした。

なぜそれほど恬淡《てんたん》としていられたのでしょうか。瀬戸内寂聴《じゃくちょう》との対談でこんなことを話しています。

「私はもっと欲深いんです。欲しいものは別のものなんです」

樹木が求めていたのは、ものに囲まれた生活でもなければ、役者としての名誉でもありませんでした。樹木の求めていた欲は「死ぬときにね、『お世話様でした、とても面白かったです、納得いきました』って言いたい欲」だったのです。望んでいたのは、この世を生き切った「豊かな人間」になることで、ものでも名誉でも、形だけの愛でもなかったのです。

WORDS OF KIRIN KIKI 17

今に感謝して、今できること、やるべきことをやろう

「もっと、もっと」という気持ちをなくすのです。

「こんなはずではなかった」

「もっとこうなるべきだ」

という思いを一切なくす。

▼『一切なりゆき』

「隣の芝生は青い」という諺《ことわざ》があります。自分のものよりも、他人のものの方がよく見えるという意味ですが、人は何かにつけて周りの人と自分とを比較して「こんなはずではなかった」「もっとこうなるべきだった」などと恨《うら》んだり、嫉妬《しっと》することがあります。また、「もし○○だったら」などと戻れない過去を恨んで、今の自分の置かれた境遇への不満を募《つの》らせることもあります。

こうした考え方に対して、樹木希林は「一見、不公平のようでも誰もが何かを背負っている。その中で小さな喜びや希望を見つける」ことこそが大切だと考えていました。

樹木は元々が人との比較をせず、我が道を歩む人でしたが、がんになってからはそれまで以上に「今、こうしていられるのは大変ありがたいことだ、本来ありえないことだ」と考えるようになったといいます。

人として「もっと」という向上心はあって当然ですが、遠くのものに憧れ、追い求めるのではなく、今に感謝し、今の自分にできること、やるべきことにきちんと向き合ったうえでの「もっと」であることが大切なのです。

WORDS OF KIRIN KIKI

第二章

役者として生きる

WORDS OF KIRIN KIKI

18

日頃から観察を怠るな、それが役に生きてくる

優れた人たちは皆、
人をよく見てるっていう気がしますね。

▼『この世を生き切る醍醐味』

創造力や思考力を鍛《きた》えるうえで欠かせない能力の1つが「観察力」ですが、樹木希林によると、樹木の恩師とも言える俳優の森繁久彌《もりしげひさや》をはじめとして、俳優でも脚本家でも、「優れた人たちは皆、人をよく見てる」といいます。

樹木自身、子どものころから「他の人間をじっと観察している人間」だったといいます。集団の真ん中にいることはなく、いつも隅っこにいて、周囲の人間をじっと観察していたといいますが、それが生きたのが初めてのテレビドラマ『七人の孫』でした。

主役の森繁は普段から人間をよく観察して、それを芝居に活かす人でしたが、同じく観察が好きな樹木も、観察していたものを自分の肉体を通して表現するのが面白くてたまらず、そんな2人の掛け合いが人気となり、最初はチョイ役だった樹木の出演シーンはどんどん増えていくことになったのです。

面白いホームドラマは何気ない日常の積み重ねでできていますが、その演技はいきなりできるわけではなく、役者自身が「普段からいろいろ見ていないとできない」ことだと樹木はいいます。役者に限らず、創造性や問題解決のベースにあるのは「よく見ること」なのです。

WORDS OF KIRIN KIKI

19

演じるには「考え抜く」ことが欠かせない

この人物はどうやってこんなふうになったのかな、この人物はこんな環境にいたんじゃないかなとかって、私はいつも考えるんだけどね。

▼『この世を生き切る醍醐味』

脚本家の倉本聰《そう》はドラマなどの登場人物一人ひとりについて、細かい「履歴書」をつくり、この人物は人生でどんな経験をしたか、何がきっかけでこのように考えるようになったのかといったことをはっきりさせたうえで脚本を書くと言われています。

それは俳優の笠智衆《りゅうちしゅう》も同様で、樹木希林によると、同じように見えるおじいさん役を演じながら、演じるごとに、役の裏側にある、それまでたどってきた人生のあれこれを考えたうえで演じていたといいます。同じように見えるおじいさん役の陰には緻密《ちみつ》な役づくりがあったのです。

樹木もドラマ『七人の孫』で森繁久彌《もりしげひさや》に出会って以来、「この人物はどうやってこんなふうになったのかな、この人物はこんな環境にいたんじゃないかな」と考えるようになったといいます。そのうえで、例えば映画『あばよダチ公』では、がさつな家庭で育っているのだからと、松田優作演じる弟の前をパンツ一丁で歩くという演技をやったこともあります。

映画やドラマなどで1人の人間を演じるためには、台本には描かれていないその人物の背景にまで思いを寄せるというのが樹木の演じ方でした。

WORDS OF KIRIN KIKI 20

役者の力量は「何気ない日常」をどう演じるか

「誰もがやること」

これが難しいと、私は思うの。

▼『一切なりゆき』

笠智衆《りゅうちしゅう》と言えば、小津安二郎《おづやすじろう》監督の作品には欠かせない役者であり、「日本のおじいちゃん」とも慕《した》われた名優ですが、その芝居は決して派手ではなく、時に「あの人は全然芝居をしていない」と言われるほど、何気ない日常を淡々と演じることで知られていました。

素人目には日常を演じることは簡単に見えますが、樹木希林は、芝居をするうえで最も難しいのは、お茶を飲むとか、水を汲《く》むとか、日常生活の1コマを演じることだといいます。樹木によると殺されるとか殺すとかいった劇的な場面は、非日常の滅多にないことだけに、役者が想像でやってもリアリティがありますが、「誰もがやる」日常生活の1コマを演じながら、「この人は短気なんだ」「この人はちょっと意地が悪いんだ」といった、登場人物の性格を出すのはとても難しいといいます。

それをやるためには、役者自身が当たり前の生活を当たり前にしっかりと送ることが大切だというのが樹木の考え方でした。「私は普通に電車に乗るし、Ｓｕｉｃａも持っていますよ」と語る樹木だからこそ、何気ない日常の中にも人間の切なさや悲しさ、おかしみを表現できたのではないでしょうか。

WORDS OF KIRIN KIKI 21

余計な思い入れを捨て
あくまでもシンプルに

仕事は出演依頼が来た順番と
ギャラで選んでいるんだから。

▼『この世を生き切る醍醐味』

樹木希林はある時期から芸能事務所に属さず、仕事の依頼はFAXや電話で受け、ギャラなどの交渉もすべて自分でやっていたことで知られています。役を演じるだけでも大変なのに、これらも1人でこなすのは大変ではと思いますが、樹木自身は昔から仕事に思い入れはなく、「仕事は出演依頼が来た順番とギャラで選んでいる」とあっけらかんとしていました。

こうした考え方は若い時からのものらしく、1976年に雑誌『婦人公論』に連載した「異性懇談」での俳優・山城新《しん》伍《ご》との対談でも「来た順とギャラの順で決める」と言い切っているだけに、終生変わらぬ考え方だったのでしょう。

実際、作品のクレジットの順番で文句を言ったこともなければ、出演していたドラマで名前がクレジットされておらず、歌手の江利チエミから「名前が落ちてるわよ」と教えられた時も、「いいの、いいの。誰にも気付かれない方がありがたいんだから」と答えたほど頓着《とんちゃく》がなかったといいます。

そんな樹木が数々の人気作品や名作に出続けることができたのは、その演技力に加え、「計算」を嫌い、「欲」を持たない生き方にあったのかもしれません。

WORDS OF KIRIN KIKI 22

自分の立ち位置を正確に知ることで人は成長できる

自分の姿に対して誇らしいと
思ったことがないんですね。
でも、親からもらったものだから
「こんなもの」と思ったこともない。

▼『老いの重荷は神の賜物』

樹木希林が文学座の研究所を受験した時のことです。１０００人近い応募者には、きれいな女の人やハンサムな男の人がたくさんいましたが、樹木は「耳がいい」ことを認められて合格しています。

「美形じゃなきゃ女優じゃない」と言われていた時代、樹木は自分のことを「女優として通用する器量じゃないことは分かってた」と言いますが、キャリアを重ねるうちに「こういう立ち位置にいる女優さんが今、いない」と評される役者へと成長したのです。なぜそんなことができたのでしょうか。樹木は言います。

「自分を正確に見つめることが早い時期からできていたということが、私の財産なんです」

樹木は自分の姿に対して、「誇らしい」と思ったことはありませんが、かといって「こんなもの」と思ったこともないといいます。「ただ、あるがままに私はこういう顔をして、こういう姿をして生まれたんだな」と、あるがままの自分を受け入れ、そこからどうするかと考えたことが「樹木希林」という唯一無二の役者へとつながっていったのです。

自分の立ち位置を正確に知ること、それができて初めて人は次への一歩を正しく踏み出すことができるのです。

WORDS OF KIRIN KIKI 23

自分に過度に期待せず、余計なプライドも持たない

主役と脇役の感覚は、
ただ、こんなにせりふが多いのに、
こんなギャラじゃなぁって程度。

▼『一切なりゆき』

映画やドラマで主役を張っていた人が脇役に転じたり、悪役などを演じるようになると、「都落ち」的な目で見る人がいますが、樹木希林にはこうしたこだわりは一切ありませんでした。初めて出演したテレビドラマ『七人の孫』も、「誰か来てよ」と呼ばれて出たように、若いころからテレビでもＣＭでも何でもやろうと思っていました。

当時、役者にとっては舞台が一流、映画が二流、テレビが三流、ＣＭをやる役者は四流と言われていましたが、樹木自身はどんな仕事でも、どんな役でも「ローンがこれで随分返せるな」と、引き受けていたといいます。そんな樹木にとっては、主役と脇役との違いも、「こんなにせりふが多いのに、こんなギャラじゃあなぁって程度」でした。

過去の栄光へのこだわりが強すぎると、そこから脱すること、変わることができなくなってしまいます。反対に、自分に過度の期待をせず、世間に対するプライドもないと話す樹木には「主役でなければ」「後ろを通るだけの役は嫌だ」といったこだわりはなく、それが「私の強さかな」と言っています。どんな流れになっても、「ああ、そうですか」と受け止めるのが樹木の変わらぬ生き方でした。

WORDS OF KIRIN KIKI 24

「世の中と面白がる」ことを大切に生きる

みんなを驚かせるのが
私たちの目的だからね。（中略）
「遊びをせんとや生まれけむ」っていうところ
をね、忘れないようにしているんですよ。

▼『この世を生き切る醍醐味』

「遊びをせんとや生まれけむ」は平安時代後期に流行した歌謡・今様《いまよう》を集めた『梁塵秘抄《りょうじんひしょう》』という本に掲載されている一節です。全文は「遊びをせんとや生まれけん　遊ぶ子どもの声聞けば　我が身さへこそゆるがるれ」となります。

無心に戯れ、喜々として声をあげる子どもの姿に、忘れていた童心を呼び覚まされた大人の感慨を詠《よ》んだ歌と解釈されていますが、「遊びをせんとや生まれけむ」という、一度聞いたら忘れられないリズムと言葉が印象に残る歌です。

1977年、樹木希林はあるテレビ局の特別番組から「何か自分のものを売ってくれ」と請《こ》われ、それまでの芸名「悠《ゆう》木千帆《きちほ》」を売りに出して「樹木希林」に改名しました。役者にとって名前ほど大切なものはありません。それを売るという樹木に周囲の人は驚き呆《あき》れますが、樹木は「みんなを驚かせるのが私たちの目的だから」と意に介しませんでした。

歌人の俵万智《たわらまち》も「仕事でくたびれ果てた1日の終わりに、皮肉たっぷりの問いかけとして、『遊びをせんとや生まれけむ』が現われたこともある」と書いていましたが、樹木にとって大事なのは、「世の中と面白がる」ことだったのです。

WORDS OF KIRIN KIKI 25

賞をもらっても驕《おご》らず、もらえなくても妬《ねた》まない

賞というものは、
向こうの気持ちはいただくけども、
こちら側から何かそれで、心が動いたり
するものじゃないところには行ってます。

▼『この世を生き切る醍醐味』

樹木希林は2005年、映画『半落ち』で日本アカデミー賞優秀助演女優賞などを受賞して以来、2007年には映画『東京タワー～オカンとボクと、時々、オトン～』での日本アカデミー賞最優秀主演女優賞など数々の映画賞を受賞しています。

映画賞というのは多くの俳優にとってのの勲章だけに、中には受賞するかしないかに必死になるあまり、「あの人が取って自分が取れないのはどうしてだ」などと人を妬《ねた》んだり恨《うら》んだりする気持ちになることもあるようですが、樹木の場合は「何をいただいても、『さいですか。恐れ入ります』」で、特に心が動くことはなかったといいます。樹木にとっては「賞なんてにぎやかしの一環」であり、芸能ごとをやっている人間、特に樹木のように表に出ている人間は「みんなと面白がる、世の中と面白がる必要がある」という思いから賞をもらった時には授賞式に出るようにしていたといいます。

樹木は若いころは賞に縁がありませんでしたが、だからといって、賞をもらっている役者を見ても「ああ、もらったの。よかったわねぇ」と、特別の感情を抱《いだ》くことはなく、その姿勢は賞の常連となってからも変わることはありませんでした。

WORDS OF KIRIN KIKI 26

ミスは直すな、ミスを活かせ

直しちゃったらミスはミスのままだけど、
それでまた別のことができたら、
ミスが活かされたことになると思うんです。

▼『おとなの週刊現代』

仕事などでミスをした時、たいていの人がやるのは、慌てて修正するか、人に知られまいと隠すことですが、樹木希林は家を建てる際に、建築家に「(現場が)間違えてしまった時には、声をかけてください」とお願いしています。理由は、取り替えたり、直すのではなく、「そのミスを活かしたい」からでした。

ミスをして、そのミスを直してしまったら、「ミスはミスのまま」ですが、そのミスを活かすことができれば、それもまた面白いという考えからです。樹木は自分の顔に関しても「このミスを活かそうと思ってやってきたから生き残れた」と話しています。今でこそ個性的な顔立ちが評価されていますが、樹木が女優になった当時、「女中さん役の顔だって美人であることが条件」で「ミス」は許されなかったといいます。

そんな時代に「少なくとも美人女優という枠には入らない」樹木が役者として存在感を発揮することができたのは、自分の顔を含めた容姿を「活かそう」としてきたからだというのが樹木のとらえ方です。人は自分の欠点やミスを直そうとしたり、隠そうとしたりするものですが、それを上手に活かしてこそ、人は人として成長していくことができるのです。

WORDS OF KIRIN KIKI 27

おかしいことをおかしいと言えるからこそ信頼される

美しくない人が
どうして美しく写るんですか。

▼『この世を生き切る醍醐味』

樹木希林はドラマや映画だけでなく、たくさんのCMに出演して、強烈な印象を残したことでも知られています。例えば、磁気治療器「ピップエレキバン」のCMで、同社の会長・横矢勲《いさお》とのコンビが大評判になりましたが、樹木によると素人の会長とのやり取りは「馴れ合わないから、すごくいい」ものになったといいます。

さらに強烈な印象を残したのがフジカラーのCMでの女優・岸本加世子《かよこ》との掛け合いです。最初の案では写真店を訪ねた樹木への岸本のセリフは「美しい人は美しく。美しくない人も美しく写ります」でしたが、それに異を唱えたのが樹木でした。

樹木は、どんな人に対しても「おかしいでしょ」と言える人でした。仕事などでもそうですが、たいていの人は「おかしい」と感じても、周りのことを気にして言わずに飲み込んでしまいがちです。しかし、それではいいものが生まれることはありません。樹木の「おかしいことはおかしいでしょと言える」という姿勢から生まれたのが「そうでない方はそれなりに写ります」というセリフであり、お陰でCMは大ヒットすることになったのです。

WORDS OF KIRIN KIKI 28

言いたいことは我慢せず、代わりに保険をかけておく

言わなくていいことはないと思う。やっぱり言った方がいいのよ。

▼『いつも心に樹木希林』

樹木希林は住宅情報誌や不動産関係のチラシが大好きでした。新幹線で東京から岡山に行く間ずっと読みふけっていたところ、降りる際に横を見たら俳優の花沢徳衛《とくえ》が座っていて呆《あき》れられたというほどです。数々の不動産物件を持つ「家道楽」でもありましたが、その理由はいかにも樹木らしいものでした。

「私はケンカっ早いから、絶対どこかで仕事を干されて食いっぱぐれる、と。じゃあ、食いっぱぐれないように家賃収入で食えるようにしとこう」

その言葉通り、樹木は若いころから遠慮のない物言いで知られていました。例えば、チョイ役で出た作品でも、的外れな評価をされれば、その人の首根っこをつかまえて、「この映画はこういうことなんだよ」と言わずにいられなかったし、あるディレクターに言いたいことを言ったところ、その人はそれがきっかけで報道に移ったといいますから、相手が誰であれ「言わなくていいことはない」し、言うべきことは「言った方がいい」というのが樹木の信条だったのです。たいていの人は言いたいことがあっても我慢するものですが、そうしないために、一方で家賃収入という「保険」もかけておくところに樹木の凄《すご》さがあります。

WORDS OF KIRIN KIKI 29

過去は悔やまず、そこからどう生きるかを考える

ダメならダメ、良ければ良い。
それで一喜一憂しない。

▼『いつも心に樹木希林』

過去は変えられないにもかかわらず、変えられない過去を悔やみ続ける人がいます。もちろん過去の失敗を反省することは必要だとしても、過去に引きずられて今を生きにくくしてしまうのは望ましいことではありません。

京セラの創業者・稲盛和夫が言うように、「失敗を十分に反省したのであれば、後は忘れてしまう」ようにしてこそ、人は新たな一歩を踏み出すことができるのです。樹木希林は数多くの映画やドラマに出演しましたが、過去の作品を見返すことはほとんどなく、当時の台本も何一つ残していないといいます。

樹木によると、「台本を読み返すくらいなら、住宅情報誌を読んでいる方がいい」し、過去の出演作品は「もう終わったこと」であり、「ダメならダメ、良ければ良い」で、「そこで一喜一憂することはない」といいます。

映画やドラマに限らず、樹木が「ああ、こうすればよかったのに」と言うことはありません。過去を悔やむのではなく、起きたことの原因はすべて自分にあると考え、そこからどうするかというのが樹木の生き方なのです。過去は悔やむものではなく、そこからどう生きるかこそが大切なのです。

WORDS OF KIRIN KIKI 30

マイナスも見方を変えればプラスにできる

いっさいの私自身の負の出来事、マイナスの出来事というものが、マイナスにはなっていかないいんです。

▼『老いの重荷は神の賜物』

年齢を重ねるということは、髪が白髪《しらが》になり、歯が入れ歯になるなど、どこかプラスからマイナスに転じていくイメージがありますが、樹木希林はこうしたことの一切を「女優としての資産だ」と考えていました。

髪の毛が白髪になったら、それを使わない手はないし、入れ歯も使わない手はないというのが樹木の考え方です。映画『わが母の記』や『歩いても歩いても』などでは、「せっかく部分入れ歯をつくったんだから、入れ歯を外して役をやってみよう」と、自らの提案で入れ歯を外したり、入れ歯を外して洗うシーンなどを演じています。

樹木と長い付き合いのある女優の浅田美代子がそのシーンを見て、樹木に「あんなこと（入れ歯を外す）する人いないよ！　卑怯《ひきょう》だよ！」と言ったところ、樹木が「でもリアルでしょう？」とあっけらかんと答え、大笑いになったと振り返っていました。たいていの人にとってはマイナスになることも、樹木にとっては、「使わない手はない」ものであり、役者としてのプラスにつながるものだったのです。普通はマイナスと考えられることも、見方を変えればプラスに転じていくことができるのです。

WORDS OF KIRIN KIKI 31

自分以外の人の芝居も理解しろ

だから。自分のところに
印《しるし》しちゃいけないって。

▼『いつも心に樹木希林』

この言葉は女優の田中麗奈《れな》が映画で共演した際に樹木希林に言われて、今も心に残っていると語っている言葉です。

田中が樹木と初めて共演したCMの撮影で、樹木はセリフにないことを言ったり、田中の顔を見て「あなた眉毛がつってるのねぇ」などと言ったりして経験不足の田中をなごませ、自然な表情を引き出してくれたといいます。以来、プライベートでも仲よくしていましたが、映画の撮影では台本の自分のセリフに線を引いたり、丸をつける癖のある田中に「だから。自分のところに印しちゃいけないって」と独り言のように言ったといいます。


田中によると、それは多くの役者がやっていることですが、自分のところに印をつけてしまうと、自分のセリフだけ覚えればいいと考えるようになるのです。

樹木が文学座に受かったのは「耳がいい」からです。それは他人のセリフもよく聞いているということであり、「ホン（台本）を読む」というのは、自分以外の人の芝居がどうなっているかをきっちりと理解したうえで芝居をすることです。

田中はつい印をつけてしまうと、「希林さんに怒られる、希林さんってやっぱりすごいなぁ」と樹木のことを思い出すそうです。

WORDS OF
KIRIN KIKI

第三章

人と生きる

WORDS OF KIRIN KIKI 32

他人も自分も、あるがままに受け入れる

ああ、そうなんだ、この人はこういう性格なんだと思うだけで、どうこうしようと思わない。

『おとなの週刊現代』

「結局のところ、我々には対人関係以外の問題はないように見える」とは心理学者アルフレッド・アドラーの言葉です。なぜなら、仕事に限らず、世の中に1人で成立する物事は少なく、たいていは人と人、人から人へという協力があって初めて成り立つからです。

それだけに人と人の関係は厄介《やっかい》で、悩みの多くも人に関わるものにならざるを得ませんが、樹木希林は厄介なはずの家族関係などについても「我慢や無理はしていないですよ」と言い切っています。

娘・内田也哉子《ややこ》の夫は俳優の本木雅弘《もときまさひろ》です。本木とは「全然性格が違うし、よくわからなかった」と言っていますが、いつの間にか「円満になっちゃった」とも言っています。理由は「この人はこういう性格なんだと思うだけで、どうこうしようと思わない」からです。言わば、あるがままに受け入れるということでしょうか。

「昨日と他人は変えられないが、明日と自分は変えられる」とよく言われますが、樹木の場合は他人を変えようとしないだけでなく、自分も変えようとはしませんでした。「存在をそのままに、あるがままに認める」ことが、樹木にとっての対人関係のあり方なのです。

WORDS OF KIRIN KIKI 33

「生きるのに精一杯の人」こそ見事な人生を送る

女の適性っていうのがあるとすれば、
やっぱり身体を目いっぱい動かすと、
女の嫌なものが出ないで済むなぁって、
考えてるの。

▼『この世を生き切る醍醐味』

樹木希林は内田裕也と結婚して間もなく別居しています。そのため子どもの也《や》哉《や》子《こ》は樹木が1人で育てていますが、子育てについては人を雇ったり、人に頼むことなく自分で行っています。理由をこう話しています。

「お金がなくて人が雇えないんなら別だけども、一応稼いでて人を雇わないでやるっていうことはね、へたへたになって帰ってもご飯つくってやるということがね。これがなかったら、私、役者をやっててもしょうがないなと思って、がんばってテンですけどね」

1人で子どもを育てるのは大変ですが、「それが本当の子育て」というのが樹木の考え方でした。「女の適性っていうものがあるとすれば、やっぱり身体を目いっぱい動かすと、女の嫌なものが出ないで済むなぁって、考えてるの」

「小人閑居《しょうじんかんきょ》して不善《ふぜん》をなす」という諺《ことわざ》がありますが、樹木によると当時は本当に忙しく「悪巧みをする暇がなかった」といいます。

悪巧みはともかく、とことん自分のエネルギーを使い果たし、余計なことを考える時間のない、生きるのに精一杯の人の方が、見事な人生を送るというのが樹木の考え方です。

WORDS OF KIRIN KIKI 34

よき縁を求めるなら自分が変わるほかはない

周りは嫌な人ばかりと思ったって、
自分と同じレベルの人が
寄ってくるものなんだから。

▼『おとなの週刊現代』

出雲大社をはじめとする縁結びの神様にお参りする人はたくさんいます。「縁結び」というと結婚のイメージが強いのですが、実際には家族とのいっそう強い縁、仕事関係の縁など、さまざまな縁結びを願うものです。

仕事をするなら尊敬できる人、心優しい人と働きたいし、友人や結婚相手についても一生付き合える人と出会いたいというのは当たり前の感情ですが、樹木希林は「人生は成り行き」であり、「すべては受け止め方1つ」と考えていました。こう話しています。

「周りは嫌な人ばかりと思ったって、自分と同じレベルの人が寄ってくるものなんだから。それが出会いや縁じゃないですかね」

「朱に交われば赤くなる」や「類は友を呼ぶ」という諺《ことわざ》が教えてくれるように、人は誰と付き合うかによって変わるし、その人の周りにはどうしても似たような人が集まるものです。樹木によると、夫や妻のことを悪く言っている人は、結局は「自分のことを言っている」のです。愛されるためには愛されるに値する人間になるほかはありません。まずは自分自身が成長し、自分を磨くことです。それが結果的によい縁につながっていくのです。

WORDS OF KIRIN KIKI 35

自分のやった結果から決して逃げるな

自分がやったことに最後まで責任を持て。

▼『一切なりゆき』

樹木希林の子である内田也哉子《ややこ》が俳優の本木雅弘《もときまさひろ》と結婚したのは1995年、19歳の時のことです。最近では籍だけ入れて結婚式をしない人も増えていますが、この時、樹木は結婚式をするようにアドバイスしています。

本来、こうした形にはこだわらないように見える樹木ですが、「儀式」は「こういうわけで自分たちは結婚します」という意思表示を世の中に対して行うものであり、その責任を背負うために大切だと話しています。

結婚式に際し、もう1つ樹木が也哉子に言ったのが、普段通りのブルーと白のメッシュを入れた髪で日本髪を結うことでした。これにはさすがの也哉子も「日本髪の時は黒がいい」と黒に染めることを主張しますが、樹木は「自分がやったことに最後まで責任を持て」とがんとして也哉子の主張を拒否しています。

テレビで流れる政治家や経営者、タレントの謝罪会見を見ながら、樹木は「謝るなら心からちゃんと謝る、謝らないなら謝らない」ことが大切だと感じるといいます。

どんなことであれ、誰であれ、やったことには最後まで責任を持つ潔《いさぎよ》さが人間には求められるのです。

WORDS OF KIRIN KIKI 36

相手の悪いところではなく いいところに目を向ける

こっちがいい部分を見ようとするから、
相手もいい部分で接触しようとするんですよ。

▼『いつも心に樹木希林』

樹木希林は最初の夫・岸田森《しん》と離婚した後、1973年にロック歌手の内田裕也と結婚しています。しかし、結婚して間もなく別居したばかりか、1981年には内田が離婚届を勝手に提出、樹木が離婚無効の訴訟を起こして勝訴するなど、その夫婦関係は傍《はた》からは何とも不思議なものとなっています。

一緒に暮らしていた時も、近所の金物屋から「どうして包丁ばかり買っていくの」と物騒なことを言われたほどですが、そんな内田と別れない理由を「お互い中毒なんです。主人は私に、私は主人に。だから、別れられないいんです」と説明しています。

樹木は夫にも、男友達にも、「夢や志をきちっと持ってほしいと期待している」と言っています。そして最近ではそうした男が減ってきたものの、樹木の周りには結構いるとも話しています。理由は樹木が「いい部分を見ようとするから、相手もいい部分を見せようとする」からです。

自分のいいところを見ようとしてくれる人に、わざわざ悪いところを見せようとする人はいません。相手の悪いところではなくいいところに目を向ける。そう心がけるだけで、周りにはいい人が集まることになるのです。

WORDS OF KIRIN KIKI 37

人間関係の大変さを知ることで人は成熟する

結婚生活を続けることも、別れを決断することも、必ず嫌なことはつきまとう。でもそういう経験が、生きていくうえでは大切だって思ってた。

▼『おとなの週刊現代』

樹木希林は2回の結婚と、1回の離婚を経験しています。2人目の夫の内田裕也とは裁判まで行って「離婚をしない。結婚を続ける」という道を選んでいます。言わば、結婚や離婚の大変さ、面倒くささを知っているわけですが、にもかかわらず娘の也哉子《ややこ》には若いうちに結婚すること、しかも結婚式をきちんと挙げることを勧めています。

結婚をすれば苦労もするし、夫婦や親子、親戚付き合いといった厄介《やっかい》な人間関係に深く踏み込んでいくことになります。別れを決断したらしたで、そこでも嫌な思いをすることになります。しかし樹木は、傷ついたり悩んだりという経験は、人間が成熟するためには必要なことだ、という考えを持っていました。

樹木は、人間に関して、「一回、ダメになった人が好き」と話しています。その理由は、一度苦労をしたり、ダメになった人は、人の痛みを知っているし、そこから浮かび上がるための大変さも経験しているからです。人生の問題のほとんどは人間関係にまつわるものだけに、それを避けて通っていては人として成長することはできません。樹木はそんな大変さをあえて経験することも、人間の成長には必要なことだと考えていたのです。

WORDS OF KIRIN KIKI 38

親は子どもを自分の飾りにしてはいけない

子どもは読み書きソロバンができて、
友だちがいればそれでいいやと思った。

▼『おとなの週刊現代』

樹木希林が娘の也哉子《ややこ》を産んだのは1976年、33歳の時です。当時の樹木は多忙でした。ドラマ『時間ですよ』に続いて、『寺内貫太郎一家』『ムー一族』と大人気ドラマに立て続けに出演していたうえ、夫の内田裕也とは別居していました。

しかも樹木も内田も時に問題発言をしたり、問題行動を起こしたりする「父母ともに芸能界で問題を起こす路線をずっときて」いました。世間的には決して立派な親とは言えなかっただけに、樹木は子育てについてこう割り切っていました。

「子どもは読み書きソロバンができて、友だちがいればそれでいいやと思った」

「私は子どもの教育ができないから、食だけはちゃんとする」

自分の子どもに過度の期待をかけて、塾だ習い事だと親の方が夢中になることもありますが、樹木によると、それは子どもを、自分を飾って満足させる何かだと勘違いしていることになります。飾りだけに、つい人と比較して自慢したり落ち込んだりするようになるのです。親は子どもが生きていくうえで必要なことだけをすればよく、後は「親が教育しなくても、世の中が教育して引き立ててくれる」というのが樹木の子育てでした。

WORDS OF KIRIN KIKI 39

退屈な日々に「さよなら」を言おう

世の中、面白くなくなっちゃったから、ああいう面白い人（内田裕也）の方がいいわけよ。

▼『おとなの週刊現代』

樹木希林が歌手の内田裕也と結婚したのは1973年のことです。当時の樹木は個性派女優として絶好調であり、『時間ですよ』の大ヒットもあって仕事のオファーは引きも切らないという状態だったといいます。

ところが当時、樹木は「このまま60～70まで同じような日常を繰り返して生きていくのか」と考えると、絶望的な気持ちになっていたといいます。

「飽き飽きしていたんですね。晴れであろうと、雨であろうと、世の中がどうであろうと、感動もない。こう演じたい、こうありたい、こう輝きたいという目的も夢もない日常に」

そんな時、樹木が出ていた『時間ですよ』の共演者・堺正章《まさあき》と同じバンド「ザ・スパイダース」で活躍したかまやつひろしが見学がてらに連れてきたのが内田でした。当時から内田は危険な香りのする「ロケンローラー」でしたが、樹木は内田と会った時に、「こういう人と一緒にいたら、日常に飽きないだろうな」と感じ、結婚を決めたのです。

内田との生活は飽きるどころか、休まることのない日々でしたが、「内田さんがいてくれたんで、どこかにすっ飛んで行かずに済んだ」が樹木の気持ちでした。

WORDS OF KIRIN KIKI

40

才能を見抜くだけでなく、人を活かしたい

私に縁のあった人たち、
皆キラキラしてほしい、
頂戴した命を活かしてほしい。

▼『おとなの週刊現代』

2021年5月31日、第30回日本映画批評家大賞授賞式に登場した浅田美代子（『朝が来る』で助演女優賞を受賞）は、恩人である樹木希林の着物を着て登場、「役者として賞をいただきとても嬉しいです」とその喜びを語っています。

浅田は『時間ですよ』のお手伝いさん役で人気を博し、アイドルとしても活躍していますが、映画の代表作はありませんでした。そんな浅田のために映画『エリカ38』を企画、プロデューサーや監督の選定まで行い、自身の入院後も「大丈夫かしらね」と心配してくれたのが『時間ですよ』で共演した樹木希林でした。

「美代ちゃんとはアイドルの頃からずうっと一緒にいるけど、映画の代表作を持ってほしいなと思っていた」という樹木の言葉がきっかけで生まれた映画でしたが、樹木がそこまで尽力したのは、浅田に限らず、「私に縁のあった人たち、皆キラキラしてほしい、頂戴した命を活かしてほしい」という思いからでした。

役者を長くやっていると、他の役者の才能を見抜けるようになるといいますが、樹木はそれだけではなく「人を生かすという仕事」に憧れを持っていました。その1人が浅田だったのです。

WORDS OF KIRIN KIKI 41

言葉は力と怖さを知ったうえで巧みに使おう

言葉ってものは傷つけもするし、幸せにもする。

▼『樹木希林さんからの手紙』

樹木希林が2009年に、ある雑誌で「なんか言葉って面白いな」と感じたエピソードを紹介していました。

100歳近くになる樹木のおばは、夫を60歳になるかならないかで亡くしていますが、夫は死ぬ時に「お前には苦労かけたな」と言ったといいます。樹木によると、その夫はものすごい女道楽で、おばは子どもを背負って身投げをしようとするほどの苦労をしましたが、その一言ですっかり許すことができたというのです。

その話を聞いた樹木は、長い夫婦生活でいろいろなことがあったとしても、時に夫が優しくなれるような言葉、妻の心がほどけるような言葉を互いに一言でもかけることができれば、それだけでずっと生きていけると感じたといいます。

「言葉ってものは傷つけもするし、幸せにもする」と感じた樹木は、がんになって以来、夫の内田裕也を呼び出して、正座をして「今日までいろいろご不満もおありでしょう。すみませんでした」と謝罪したり、仕事で会う人ごとに、昔の言動を謝って歩いたりしたといいます。

言葉は人を傷つけることもあれば、幸せにもします。だからこそ言葉は巧みに使わなければならないというのが樹木の気付きでした。

WORDS OF KIRIN KIKI 42

自分にコントロールできないものに思い悩まない

ちゃんと意思を伝えてね、それでも伝わらなかったら、まあ、それまでだというふうに思うようになった。

▼『この世を生き切る醍醐味』

読売ジャイアンツを経て、大リーグのニューヨーク・ヤンキースなどで活躍した松井秀喜の信条の1つは「コントロールできないものに気を病むのではなく、できることを精一杯やろう」です。大リーグに挑戦したばかりのころ、松井はホームランが出ず「ゴロキング」とマスコミに叩かれましたが、「マスコミはコントロールできないもの」と気に留めず、やるべきことをコツコツと続けるうちに、その評価は変わり、マスコミに愛されるメジャーリーガーとなっていったのです。

樹木希林は夫・内田裕也のこともあり、女性週刊誌などに追い回されカッカした時期があります。そんな樹木に対して内田が言ったのが「相手の記者もな、人間なんだ。人間とちゃんと向き合えばいいじゃないか」です。その時は「そんなもん、向き合えるわけないよ」と言い返した樹木ですが、やがて「ちゃんと意思を伝えてね、それでも伝わらなかったら、まあ、それまでだというふうに思うようになった」といいます。

自分を変えることはできても、他人を変えることはなかなかできません。他人にはできるだけ誠意を持って接したうえで、後は「自分の問題ではない」と割り切るのも1つの方法です。

WORDS OF KIRIN KIKI 43

己の死に様を子どもや孫に見せる

「人は死ぬ」と実感できれば、しっかり生きられると思う。

▼『一切なりゆき』

樹木希林は早くから「ゆくゆくは子どもと一緒に住みます」と公言していました。理由は樹木にとっては1人で暮らす方が気楽でも「うちの娘なり、婿なり、その子どもたちが、私の死に際を実感として感じられる」からというものでした。樹木は芸能人の役割の1つとしてこんなことを言っています。

「ひょっとして芸能人のこの世での役は、死に目に出会わなくなった世の人々に、己の死にざまをお見せすることかもしれません」

「人が死ぬ」、まして「身内が死ぬ」というのは悲しいことですが、早いうちに「人が死ぬ」ことを間近で見て、死というものを実感すれば、その人は真剣に「今を生きる」ことができるというのが樹木の考えでした。実際、娘の也哉子《ややこ》も、夫の本木雅弘《もときまさひろ》とその子どもたちも、臨終に立ち会っています。イギリスで育った8歳の玄兎《げんと》は英語で「マミー、大丈夫。身体はなくなっても、魂はずっとそばにいるんだよ」と言ったといいますが、それを聞いて也哉子は、「母はこれを意図していたんだな」と実感したといいます。

人は身近な人の死を体験することで、「かけがえのない一日一日を生きる」ことの大切さを知るのです。

WORDS OF KIRIN KIKI

44

死ぬ時「やさしい人だったな」と思ってもらいたい

私は今、あの主人と出会ったことは、私の人生の中で、大変な宝です、と言える気がしています。

▼『一切なりゆき』

樹木希林は1973年に内田裕也と結婚していますが、同居生活が長く続くことはありませんでした。樹木によると、結婚当時は近所から「あの家じゃ、毎晩大ゲンカして眠れやしない」という声も聞こえてきたと言いますから、2人の同居生活がどれほど激しいものだったかが分かります。

結果、樹木が別居を決意しますが、内田が離婚届を出そうとしても決して同意しませんでした。何とも奇妙な夫婦関係としか言いようがありませんが、樹木が晩年を迎えたある日、内田が樹木との何気ない会話の中で「離婚しなくてよかったなあ」としみじみと言うのを聞き「私は今、あの主人と出会ったことは、私の人生の中で、大変な宝です、と言える気がしています」と思ったといいます。

樹木が日頃から理想としていたのは「その人が死ぬときに、『あいつ、やさしい人間だったな』と思ってもらえるようなな、そういう添い方をそれぞれにしていく」ことでした。それまでの内田との長い年月を、樹木は「無駄だったかな」と思うこともありましたが、それもあってこその「なかなかいい状態の関係」になることができたというのが樹木の思いでした。

WORDS OF KIRIN KIKI 45

「向こうが悪い」と言い続けても何も生まれない

私は昔から日本人が持つ、
自分が悪いかどうか分からなくても
「ごめんなさい」と言う気持ちが好きです。

▼『おとなの週刊現代』

外国の人たちが、何か問題が起きた時、たとえ自分に非があっても簡単には「ソーリー」と言わないというのはよく言われることですが、こうした姿勢に対して樹木希林は「『とんでもない。向こうが悪いんだ』と言い続けて、何が生まれるのでしょう」と疑問を抱《いだ》いていました。

樹木は内田裕也と結婚したことでいろいろな問題に巻き込まれています。結婚する前には内田の抱えていた借金をすべて清算し、結婚してからも内田が知人につくった借金を返済するために先方を訪問して、「どうか、もう二度と裕也には貸さないで下さい」と頭を下げています。CMで初共演した直後に内田が逮捕された時には、樹木が記者会見を開いてもいます。

いずれも「向こうが悪い」はずですが、樹木は「それを言ってしまっては修復にならない」からと、自分がすべてを引き受けています。晩年には内田ではなく、樹木の方が内田に対して「今日までいろいろすみませんでした」と謝罪もしています。その日の夜、内田と一緒にお酒を飲んだ知人によると、内田はとても嬉しそうだったと聞いて、樹木は「これでもう死ねるな」と安堵《あんど》したそうです。

WORDS OF KIRIN KIKI

46

社会に出て挫折するより、家で挫折する方がいい

世の中、みんな出たときに、「あんたが最初にどうぞ」っていうふうにはいかない。

▼『樹木希林120の遺言』

「誰もが甘やかしを正しい発達にとっての負担と妨《さまた》げであると感じている。それにもかかわらず、誰もが甘やかしの対象となることを好む」は、心理学者アルフレッド・アドラーの言葉です。甘やかされて育った子どもは常に自分が中心であることを望みますが、それが許されるのは家庭だけであり、社会に出れば厳しい現実に向き合うことになるのです。

樹木希林は娘の也哉子《ややこ》を育てるにあたって、甘やかすどころか、人から見ると「なんて親だ」と言われるようなことも平気でしています。ケーキなどのおいしいものは「私が一番最初だからね」と言って樹木が最初に食べましたし、子どもに好きなものを買ってやるということもしていません。「友だちはみんな持っているから」という也哉子の訴えも、「周りは関係ない」と無視しています。

理由は、世の中は「あなたが最初にどうぞ」とは言ってくれないし、わがままが通ることもないからです。「社会に出て挫折するとまずいから、私の所で傷ついてもいいかな」が樹木の子育てに対する考え方でした。結果、也哉子は高校生でありながら大使館を回って自分でスイスへの留学を決める自立心旺盛な子どもに育ったのです。

WORDS OF KIRIN KIKI

第四章

ものと生きる

WORDS OF KIRIN KIKI 47

ものは捨てるのではなく生かし切る

あげることで
ものが生きるでしょ。

▼『おとなの週刊現代』

樹木希林が「ものを持たない」人だったことはよく知られていました。不動産へのこだわりは強い樹木でしたが、「着飾ってもかいがないし、光もの（高価なアクセサリー）にも興味がない」と言い切っているように、余計なものは買わないだけでなく、ものは「とにかく減らす」というのが樹木の生き方でした。

普段から親しい人に「それ、いいですね」と言われると、服でも何でもすぐにプレゼントしていたといいます。さらに多くの人が驚くのは、役者にとっての勲章とも言える映画賞などで手にするトロフィーの扱いです。長くがんを患っていた樹木はトロフィーをもらうと、「重たいし、場所取るし、遺《のこ》された人が処分に困っちゃうだろうな」と考えた末に、トロフィーを電気スタンドに加工して人にプレゼントしたのです。

洋服でも何でも、「いいね」と言われたらあげる理由を聞かれ、樹木が口にしたのは「あげることでものが生きるでしょ」でした。「断捨離」にはものを「捨てる」イメージがありますが、樹木が心がけていたのは最後まで使うことを含めて、ものを「生かし切る」ことであり、ものをあげることも「ものを生かす」ための方法だったのです。

WORDS OF KIRIN KIKI

48

ものをたくさん持つより感性を磨け

ものを買う代わりに自分の感性にお金をかける方がいいと思っています。

▼『おとなの週刊現代』

樹木希林は女優でありながら着るものや履《は》くものをほとんど買わないことを信条としていました。下着でさえ姉の夫が亡くなった時、「使っていない主人の下着があるんだけど、着る?」と聞かれて「ください」と答えるほどの徹底ぶりです。

それは子育てにおいても変わることはなく、娘の内田也哉子《や や こ》については小さい時から買ってあげるのは下着と靴下ぐらいで、Tシャツなども大人のTシャツを肩上げして着せていたといいます。当然、子どもにとって大人のTシャツは丈が長すぎますが、也哉子は下の方を結わえて丸めるなど自分なりに工夫して着こなすようになったのです。

そんなある日、也哉子の着こなしを見た衣装担当のスタッフが「おたくの娘さんは、洋服の着方がうまいね」とほめてくれたのです。その言葉を聞いて樹木は「ものを買う代わりに自分の感性にお金をかける方がいい」と確信しました。

与えられたものをそのまま着るのではなく、どうしたら着心地がよくなるか、自分のスタイルに合うかを考え、創意工夫する力は、こんなプロセスを通して磨かれます。それは安易にものを買い与えることでは育まれないものなのです。

WORDS OF KIRIN KIKI

49

食に「気を使う」ではなく、「感謝する」

どんなものでもよく噛んで、
食べ終わったらありがたく
「ごちそうさまでした」と感謝する。

▼『この世を生き切る醍醐味』

食事に関して「何を食べるか」「どんなバランスで食べるか」などを普段から気にする人がいます。ましてタレントや役者ともなると、食事の回数や量、質にはかなりの神経を使うはずですが、樹木希林の食事の基本は朝食を食べない代わりに、昼から夜の7時、8時くらいまで「いくらでも食べちゃう」と言い、こう話しています。

「身体にいいとか悪いとか考えない。ただ欲しいものを食べちゃうの」

「そんな無茶な」とも思えますが、樹木は「自分でイケるなと思うのは、この考え方なんですね」と笑い飛ばしていました。ただし、1つだけ自分に言い聞かせていたのが「どんなものでもよく噛んで、食べ終わったらありがたく『ごちそうさまでした』と感謝する」ことです。

もちろん中には「うわあっ」という食事もあるといいますが、そういう時でも決して「まずい」とは言わず、よく噛んで感謝して食べたといいます。理由はその方が「自分の身につくから」という考えからでした。

今の時代、食に気を使う人はたくさんいます。しかし、それ以上に大切なのは食に「感謝する」ことなのです。

WORDS OF KIRIN KIKI 50

家や土地は「自分のもの」ではなく「預かりもの」

家や土地っていうのもさ、なんか自分で買ったんだから、自分のものだと思っちゃうじゃない？　でも、これって、地球から借りてるものなんだよね。

▼『この世を生き切る醍醐味』

「お金は社会からの預かりもの」というのが、慈善活動に熱心なアメリカの富豪たちの考え方です。慈善活動の元祖とも言えるアンドリュー・カーネギーは貧しい移民から一代で莫大な富を築きましたが、「余剰の富は活用を任された信託財産」という考えのもと、生きている間に社会に対して最大の効果を発揮する使い方を常に模索していました。「お金は社会からの預かりもの」であり、稼いだお金を世の中のために正しく使うのもお金持ちの義務と考えていたのです。

樹木希林は「住宅情報誌を読むのが趣味」と言うだけあって、東京都内に10件近い不動産を所有していたと言われていますが、がんが見つかってから「家や土地は地球から借りてるもの」と考えるようになり、それがきっかけで「あれが欲しい、これが欲しい」という物欲がなくなったといいます。家や土地、ものもお金を出して買っただけに、「これは自分のもの」という欲が生まれるのは当然のことです。しかし、自分の身体を含め、家も土地ももののも、「地球から借りてるもの」と考えれば、いつか返さなければならないものであり、それまでは大切に使わなければならない、というのが樹木の考え方でした。

WORDS OF KIRIN KIKI 51

「買えるのに買わない」を貫き通す

買えるのに買わないというのも、
なかなかエネルギーがいることでね。

▼『一切なりゆき』

家計が苦しくて「子どもに好きなおもちゃや洋服を買ってやれない」という嘆きは切ないものですが、そうでない樹木希林の娘・内田也哉子《ややこ》が「子どものころ、母に服を買ってもらったことはありませんか」と話す通り、樹木は、自分はもちろん、子どもの洋服でさえ「ものを買わない」という生き方を貫いていました。

買い与えたのは冠婚葬祭用の服くらいで、後は知り合いの女優さんたちの要らなくなった服があるともらってきて、それを着させていたといいます。それは徹底したもので、小学校の制服が変わった時も、古い制服を着ていてもよかったので新調しなかったところ、さすがに恥ずかしかったのか、也哉子が自分の貯金をはたいて新調したほどです。知り合いからは「可哀そうよ」と言われましたが、樹木は也哉子が結婚するまでそのやり方を変えることはありませんでした。

也哉子によると、ものがあふれている時代、「買えるのに買わない」を貫くのはとても難しいことだといいます。しかし、樹木にとっては自分はどうあるべきかこそが大事であり、「周りは関係ない」ものだったのです。そしてそれは也哉子に「人としてどう生きるか」を教えることでもあったのです。

WORDS OF KIRIN KIKI

52

求めたのは
機能性を備えた飾らない美しさ

私の日常はつまり用の美ですよ。
美かどうかわかんないけど。

▼『一切なりゆき』

「用の美」というのは、民藝《みんげい》運動の創始者である柳宗悦《やなぎむねよし》が、名もない職人たちが庶民のためにつくった生活道具に新たな価値を見出し、その「簡素で飾らない美しさ」を称《たた》えた際に使った言葉です。芸術品のような華やかさはないものの、道具としての機能性と美しさをあわせ持つのが「用の美」です。

樹木希林は普段からマネジャーもつけず、スケジュールは自分で決め、自分で車を運転し、新幹線や飛行機などに乗る時は自分1人で電車に乗って移動していたので、Ｓｕｉｃａも当たり前のように使っていました。

ところが、冬に着る毛皮にはＳｕｉｃａを入れるポケットがついていません。不便を感じた樹木が毛皮屋さんに「右胸にポケットをつけて」と注文したところ、「毛皮にポケットなんて」と断られてしまいました。そこで、樹木は自分で毛皮にポケットを縫いつけ、他の洋服もすべて同じようにしたのです。

樹木は「美かどうかわかんないけど」と断りつつも、必要なものが使いやすい形で備わっていることを「用の美」と呼んでいました。機能性を犠牲にして美しさを追い求めるより、機能性を備えた飾らない美しさが樹木の好みだったのです。

WORDS OF KIRIN KIKI 53

余計なものは買わず、最後まで使い切る

モノがあるとモノに追いかけられます。
持たなければどれだけ頭がスッキリするか、
片づけをする時間もあっという間。

▼『一切なりゆき』

ある企業の工場が「ゴミゼロ」を目指した時のことです。最初は廃棄するものを細かく分別し、リサイクルできるものを増やすことでゴミの減量に努めましたが、しばらくして、分別という「出口」を管理するよりも、部品を購入する際の過剰包装をなくすなどといった「入口」を管理するようになりました。実は、出るゴミを減らすには、入るゴミを減らすのが一番いいやり方だったのです。

樹木希林はまさに出口よりも入口を管理したうえで、さらに出口も細かく管理するやり方を採っていました。

樹木は「どなたかが『もういらなくなった』というものをいただいて」使い、「一度使い始めたら、それをできるだけ活かして終了させたい」と考え、「とにかくものを買わない」を徹底したうえで、へたってきたらハサミで切って、床拭《ふ》きなどに使います。「まず買わない」「とにかく減らす」「最後まで使い切る」を徹底した結果、「1週間あれば、まあ、整理できちゃう」という生活が可能になったのです。

人が生活していると、ものはいつの間にか増えていきます。結果、「何を捨てようか」と悩むことになりますが、そもそも「ものが増えない」生活を心がけていれば、断捨離に励む必要さえないのです。

WORDS OF KIRIN KIKI

54

「もらわない」を貫くには
それなりの覚悟が必要だ

ものをくれるっていうときもね、
私だけが喧嘩腰で断るわけ。
もう、もらっちゃったほうが簡単なの。

▼『9月1日母からのバトン』

樹木希林は無駄を嫌い、できるだけ余計なものを持たない生活をしていましたが、それだけでなく、自宅に送られてくるお中元やお歳暮はもちろんのこと、取材や打ち合わせの際に渡されることの多いお菓子などの手土産も受け取らないことを徹底していました。食べきれないし、包装紙などの余計なゴミが出るのを嫌ってのことですが、その断り方は時に「喧嘩腰」になることさえありました。

あるテレビプロデューサーと食事をした帰り際、店の大将が「新年のご挨拶です」と年賀の挨拶を差し出したところ、樹木は「いらない」と強めに断りました。

それでも大将は一旦出したものを簡単に引っ込めるわけにはいかないのか、樹木との間で「そう仰らずに」「いらない」が何度も繰り返され、妙な緊張感が漂ったということがありました。

実は樹木自身、もらった方が簡単というのは分かっていました。相手の厚意を気持ちよく受け取って、後で捨ててもいいわけですが、樹木にはそんな無駄なことはできませんでした。そのためしばしば喧嘩腰になることもあったわけですが、「無駄でしょ」という自分の信念を貫くためには、それほどの覚悟が必要だったのです。

WORDS OF KIRIN KIKI

第五章

老いを生きる

WORDS OF KIRIN KIKI 55

「今日やること」があることに感謝し、精一杯生きる

最近の私は、〝きょうよう〟があることに感謝しながら生きています。

▼『一切なりゆき』

樹木希林は20代、30代で多くのテレビドラマやＣＭなどに出演していますし、その後も数々の映画などに出演しながら子育てにも励んでいます。役者になってからずっと忙しい日々を送ってきたわけですが、２００４年に乳がんの手術を行い、その後、がんの転移が分かっています。そして、がんと長く付き合う中で、人生観が少しずつ変わったといいます。

２０１３年の日本アカデミー賞授賞式で全身がんであることを公表した翌年には、こう話しています。

「最近の私は、『きょうよう』があることに感謝しながら生きています。教養ではなく、今日、用があるということ」

樹木によると、神さまが与えてくださった「今日用」を１つずつしっかりとこなしていくことが日々の幸せにつながるし、それを積み重ねた結果として、「最後には、自分は十分に役目を果たした、自分をしっかりと使い切ったという充足感につながる」というのです。

大切なのは、その大小にかかわらず「今日やること」があることに感謝し、決して手を抜かず、出し惜しみをすることなく、できることを精一杯やることです。それこそが幸せであり、「今日を生きる」ということなのです。

WORDS OF KIRIN KIKI 56

年齢を気にせずどこまでも自分らしく生きていく

人生の後半に
こうやって取材していただけるっていうのは、
きっとほら、幸せなところにいるんでしょうね。

▼『この世を生き切る醍醐味』

ある時期に圧倒的な人気を博した俳優や芸人、タレントをテレビや映画で見なくなると、しばらくして「あの人は今」といった記事が書かれることがよくあります。インターネットや地方での地道な活動でばりばり活躍している人もいれば、年齢を重ねたこともあって静かに余生を送る人もいます。そして、時に長く動静の報じられなかった往年の名優が亡くなり、かつての名作がテレビなどで流されるのを見て、その俳優の凄《すご》さを改めて実感することになります。

その点、樹木希林ほど亡くなる直前まで現役で活躍し続けた人は滅多にいません。役者として評価され続けることの難しさは樹木自身自覚していたのか、雑誌の取材に対しこんな話をしています。

「私なんか、人生の後半にこうやって取材していただけるっていうのは、きっとほら、幸せなところにいるんでしょうね」

その理由として樹木が挙げたのが、病気をして「この年齢になったらこうあるべきだ」という世の中の常識や流れを意識しなくなったことです。他人と競わず、あくまでも自分らしく生きたからこそ、樹木はいつまでも「現役」で活躍し続けたのでしょう。

WORDS OF KIRIN KIKI 57

老いを「こう来たか」と自然体で受け止める

私の場合には、年を取ることに対して、一切ストップをかける気持ちがないんです。

▼『いつも心に樹木希林』

樹木希林の代表作の1つ『寺内貫太郎一家』で樹木が演じたのはお婆さんの役でした。本来ならそれくらいの年齢の俳優がやる役を、まだ31歳の樹木がやることには賛否両論ありましたが、樹木によると、前作の『時間ですよ』でちょっとくたびれたので、じっと座っているだけならやってもいいなという理由から「あたしやる」と決めたといいます。

「人間の面白さっていうのは年寄りだな」というのが樹木の考えでした。そんな樹木だけに、自分が年を取ってからも自分のことを「面白いもんだなあ」と俯《ふ》瞰《かん》的にとらえるところがあるといいます。

例えば、白髪《しらが》が出てくれば、抜くのではなく、「脱色もしないで済むしいい塩梅《あんばい》だ」と歓迎し、耳が聞こえにくくなると、「なるほど、耳が遠くなってきたか」、歯が悪くなってくると、「おっ、硬いものが噛めなくなってきたな」と、自分の変化をあるがままに見つめ受け入れます。

年を取れば、あちこち悪くなるのも当然です。そんな変化を怖がるのは、人間を変化しないものと思っているからです。樹木にとって「老いる」ことは怖いことでも嫌なことでもなく、「こう来たか」と自然に迎え入れるものなのです。

WORDS OF KIRIN KIKI 58

年老いていく自分を面白がって生きていこう

何でもおもしろがって
毎日を楽しく過ごしていたら、
いい歳のとり方が
できるんじゃないかと思うのです。

▼『一切なりゆき』

子どもから大人になっていくにつれ、それまでできなかったことができるようになり、それを成長と感じるわけですが、反対に歳をとるというのは、それまで当たり前のようにできていたことが徐々にできなくなるということです。

例えば、何かを思い出そうとしてもなかなか思い出せなかったり、楽々と昇れたはずの階段が昇れなくなるとか、老眼鏡をかけなければ小さな字が読めなくなったりするといった「できなくなること」が増えてきます。

そんな時、「昔はよかった」「こんなこともできなくなったのか」と嘆く人もいますが、樹木希林は「へえ、こんなこともできなくなるんだ」と、自分の変化を楽しんだ方がいいと考えていました。たしかに物忘れもひどくなりますが、樹木はその分、「あの時、こうしておけばよかった」と後悔することもなくなるから、それはそれでいいことだと、とらえています。

大切なのは昔を懐かしみ、後ろを振り返るのではなく、老いによる変化さえも面白がって毎日を楽しく過ごすことです。そうすることで「いい歳のとり方ができるんじゃないか」というのが樹木流の受け止め方でした。

WORDS OF KIRIN KIKI 59

老いていく姿を見せることは「人間を伝える」こと

最後にこう、恥をかいて
自分の姿をさらすのも、
一つの「老い」かなぁとも
思うんですけどね。

▼『いつも心に樹木希林』

テレビドラマ『寺内貫太郎一家』には食事シーンが頻繁に登場しました。そんな時、樹木希林が演じるおばあさんのご飯の食べ方を見て、西城秀樹演じる孫が「汚ったねぇなあ、ばあちゃん」とよく言っていました。

最近では核家族化が進み、3世代、4世代が同居する家庭は非常に少なくなりました。孫たちにとって祖父や祖母は年に1回くらいしか会わない存在であり、そこでは年老いていく姿、衰弱していく姿を目にすることはほとんどありません。

そのためか、樹木はがんで亡くなるならその姿を、認知症になったらわけが分からなくなったところや彷徨《さまよ》う姿を身近な人に見せること、体験させることが必要なのではないかと考えていました。

ある時、女優の浅田美代子が入院中の樹木を見舞ったところ、処置のために医師が浅田に「席を外してください」と言ったのに対し、樹木は「この子も役者の端くれだから全部見せるの」と紙に書いて医師に渡したといいます。人間はきれいなところだけでは完成しません。人間は老いていく姿を見せることは「人間というものを伝えていく」ことであり、それを見せることで「次の代の人たちは育っていく」というのが樹木の生き様でした。

WORDS OF KIRIN KIKI 60

年を取る自分、がんの自分を俯瞰する

俯瞰《ふかん》で見ることを覚え、どんな仕事でもこれができれば生き残れるなと感じました。

▼『おとなの週刊現代』

「離見《りけん》の見《けん》」は世阿弥の能楽論で、演じる人が自分を離れ、観客の立場で自分の姿を見ることです。現実には演じる自分を客席で見ることはできませんが、自分の演技について客観的な視点を持て、という意味です。

樹木希林は文学座に入ったころから俯瞰的にものを見ることを覚えたといいます。自分を含めて、仕事で関わっている人たちを俯瞰的に見ることによって、自分はその場でどんな芝居をすればいいのかがとてもよく分かったといいます。

なぜ、そういうことができたのでしょうか。樹木によると、芝居が好きで、役者になりたくてなり、よく見せたいという気持ちがあると、自分の世界に入り込んでしまうのに対し、自分の場合はそこまでの強いこだわりがなかったため、「非常に客観的なところがあって、観客の目と共通の分かるわあっ、というところにいたから」だと振り返っています。

樹木によれば、役者は自分に陶酔《とうすい》していてはダメで、常に第三者の目で自分を見ていることが必要だといいます。物事を俯瞰することのできた樹木だからこそ、がんになってからは年を取る自分、がんの自分も俯瞰的に見ることができたのです。

WORDS OF KIRIN KIKI 61

一過性の「キレイ」を追い求めるな

キレイなんて、一過性のものだから。

▼『おとなの週刊現代』

樹木希林は役者になったころから人と諍《いさか》うのが楽しみだったといいます。

人と諍っていると、恐らく相手も興奮してくるのでしょう、その人の一番嫌なところや、隠そうとしている悪い部分が徐々に引き出されてきて、それが面白かったし、愉快だったと話しています。

樹木自身、こうした性格を「絶対に友だちになりたくないタイプでしょ」と自覚しつつも、「でも、それがあったから役者でやっていけるかなと思った」とも話しています。そして、こうしたところは芽が出ている女優には多かれ少なかれあるというのが樹木の見方です。そのためか、男優には「(芽が出ている女優は)いくらキレイでも奥さんにしない方がいい。キレイなんて、一過性のものだから」とアドバイスしていたといいます。

実際、「キレイ」を維持するのはたやすいことではありません。樹木によると、「女優は年を取ると、だんだんにいろいろなグッズが多く」なります。化粧品や健康グッズやら、それはものすごいといいますが、それも「キレイ」を維持するうえで欠かせないものなのでしょう。しかし、本当に大切にすべきは一過性の「キレイ」ではなく「人としてどう生きるか」なのです。

WORDS OF KIRIN KIKI 62

「いい顔をした」おばあさんになりたい

女が徳のある、
いいシワのある顔相になるためには、
本当にとことん
自分のエネルギーを使い果たさないと。

▼『いつも心に樹木希林』

樹木希林は「人間として、豊かな人間に、どの方向へ行ったらなれるのかなぁって、役者としての仕事より、そっちの方に興味がいっているんです」と話していたように、仕事や名誉などに関する欲はまったくと言っていいほどありませんでしたが、「豊かな人間になりたい」という欲は持っていました。さらにこうも言っています。

「いい顔をしたおじいさんってのは多いけど、いい顔をしたおばあさんってのが少ない」

そのためには「自分のエネルギーを使い果たさないと」と考えた樹木が日頃から心がけていたのが、昔は嫌だった家事労働をやることであり、日々を忙しく懸命に生きることでした。暇な時間があると、つい余計なことをしてしまうだけに、樹木は自らに「ローンを抱えたり、夫のことで忙しくしていると、人生、溜息をついている暇がない。それが大事だった」という生き方を課していたのです。

傍《はた》から見ると、ローンを払うことも、夫・内田裕也の面倒を見ることも大変だと思えますが、樹木にとっては「十分生きて、自分を使い切ったと思えることが、人間冥利《みょうり》に尽きる」ことだったのです。

WORDS OF KIRIN KIKI

第六章

病と生きる

WORDS OF KIRIN KIKI 63

失ったものを悔やまず、あるもので上手に生きる

今まで見えすぎてたから、少し楽になった。

▼『この世を生き切る醍醐味』

樹木希林の凄《すご》さは、普通の人であれば深刻になるようなことでさえ、できるだけ楽しく、前向きにとらえるところにあります。がんについても、まさに「がんと生きる」を貫いた人でしたが、それは2003年に網膜剥離《もうまくはくり》を発症した際も同様でした。

医師からは「手術しないと100％失明する」と言われますが、樹木は手術を拒否、左目は失明しますが、娘の内田也哉子《ややこ》にこう言っています。

「これでちょうどいいんだわ。今まで見えすぎてたから、少し楽になった」

樹木は「見えすぎる」人でした。樹木によると、役者をやっているとヘボ役者でも、他人の才能が見分けられるようになると言いますが、樹木は才能の有無に加えて、「4～5年は持つかな」など、その将来まで見ることができました。森繁久彌《もりしげひさや》の影響もあって日頃から人間をよく見ており、それを自分の身体を通して演じることも得意でした。

人をよく見るし、自然と見えてしまうというのが樹木の役者としての才能の1つでしたが、同時に見えすぎる苦しさもあったのでしょうか、それが左目の失明という現実を前にした時の明るい振る舞いに表れています。どんな時も深刻になりすぎないというのが樹木の生き方でした。

WORDS OF KIRIN KIKI 64

病気を嘆かず、そのメリットに目を向ける

私、得してる。がんになって得してるわあ。
そうやって、得してることがたくさんあるの。

▼『この世を生き切る醍醐味』

病気、それも大きな病気にかかると、たいていの人は「どうして私が…」と我が身の不幸を嘆くことになりますが、樹木希林は2004年に乳がんの手術をして以降、病気を嘆くのではなく、「病気になったことでメリットもある」と前向きにとらえています。

樹木によると、映画などで演技賞をもらったとしても、周りの妬《ねた》みをかわすことができるうえ、少々口が滑っても、「まあ、大変な思いもしているのね」とお咎《とが》めなしになるというのです。さらに周囲の人が「この人は来年はいないかもしれない」と思って、自分と真剣に向き合ってくれるというのです。

そして最もよかったのは、がんと診断されたことで孫と行くことになっていたタイのプーケット島への旅行をキャンセルしたところ、スマトラ島の大地震が起こり、津波で孫を死なせずにすんだことだといいます。

病気になること、ましてがんになることはとても辛《つら》いことですが、樹木は自分と向き合うことが、人生を見直すチャンスにもなったと考えています。だからこそ「がんになって得してるわあ」という前向きな向き合い方ができるようになったのではないでしょうか。

WORDS OF KIRIN KIKI 65

最後まで生き切ることが人間冥利

私ね、自分の身体は自分のものだと考えていたんですよ。とんでもない。これ、借りものなんだっていうふうに思えるようになりました。

▼『この世を生き切る醍醐味』

90歳を超えた今も「世界一の投資家」として活躍するウォーレン・バフェットは、人間の身体は精霊が贈ってくれた「一生で最初にして最後の自動車」で、人間の肉体も、自動車を手入れするように大切にしないと、数十年後にはぼろぼろになってしまうと説いています。

バフェットが自分の身体を精霊からの贈り物と考えて大切にしたように、樹木希林も最初にがんになって以来、自分の身体を「借り物」と思えるようになったといい、若いころはわがもの顔でぞんざいに扱ってしまったことについて樹木は「ごめんなさいねぇ」と謝っています。そして、こう考えるようになりました。

「これだけ長くがんと付き合っているとね、『いつかは死ぬ』じゃなくて『いつでも死ぬ』という感覚なんです。でも、借りていたものをお返しするんだと考えると、すごく楽ですよね」

樹木はものを無駄にせず、最後まで使い切ることを信条としていましたが、自分の身体についても「十分生きて、自分を使い切ったと思えることが、人間冥利《みょうり》に尽きるってこと」と考えていたのです。

WORDS OF KIRIN KIKI

66

「健康が善、病気が悪」の二元論から脱しよう

一つのものに表と裏があるように、
物事には善の面もあれば、
悪の面もあるとわたしは思うんです。

▼『一切なりゆき』

病気になると、それも樹木希林のように全身がんともなると、たいていの人は我が身の不幸を呪いたくなるものです。ところが、樹木は「病というものをダメとして、健康であることをいいとするだけなら、こんなつまらない人生はない」と言い切っています。

樹木によると、「今日になって明日っていうのは困るけど、1週間あれば、まあ整理できるから、がんは準備ができてありがたい」し、何かを断る時にも、「もうがんで大変なの」と言えば、「あっ、そうですね」と相手も納得するというのです。

もちろんがんとの闘いの大変さが変わるわけではありませんが、「がんは面白い」「がんのお陰でいろんな気づきもあった」と、病によるいい面に目を向けるのが樹木のがんとの向き合い方でした。

表が焦げたトーストもひっくり返すと裏は何ともないということもあるように、物事は角度を変えると違って見えるものです。大切なのは「病気が悪、病気でない状態が善」と二元論的に考えるのではなく、病気にも悪い面もあればいい面もあることを受け入れることです。そこから「本当の意味で人間がたくましくなっていく」と樹木はとらえたのです。

WORDS OF KIRIN KIKI 67

明日を諦めず、今日を懸命に生きる

あした死ぬかも、という覚悟は常にあります。
だけど、人間はあした地球が滅ぶと
わかっていても、きょうリンゴの木を
植えなきゃならないものなのよ。

▼『おとなの週刊現代』

「たとえ明日、世界が終わりになろうとも、私はリンゴの木を植える」は、16世紀にローマ・カトリック教会からプロテスタントが分離した「宗教改革」の中心人物、マルティン・ルターの言葉です。

この言葉は多くの人に引用されていますが、宗教改革とは関係なく、主に2つの意味で使われています。1つは直近の見返りや成果を求めるのではなく、将来の希望を育てることの大切さ、素晴らしさを教えるものです。そしてもう1つは、たとえどんな辛《つら》い状況に置かれても、今の自分にできることを精一杯やることの大切さを説くものです。


樹木希林は医者から「あなたは全身がんですよ」と告げられています。それは樹木にとって「死はいつか来るものではなく、いつでも来るもの」というほどの覚悟が必要なものでした。残された時間は限られているため、「責任のある仕事は入れられない」わけですが、だからといって決して絶望することはなく、淡々と身辺の整理を進め、日々の仕事を精一杯こなすという生き方を貫きました。

「私は始末していく人間だから、無責任なことはできない」という思いこそが、樹木にとっての「きょうリンゴの木を植える」ということでした。

WORDS OF KIRIN KIKI

68

自分のことを自分で始末するのは大人の責任

あっ、これなら大丈夫。死ねるなと思った。

▼『おとなの週刊現代』

「相続を争続にしないように」という言葉があります。相続争いというと多くの人は「たいした財産がないから大丈夫」と思いがちですが、現実には不動産を含めて5000万円くらいのケースが最もトラブルが多いと言われています。だからこそ、年を取る前から相続についても考えておくことが必要なわけですが、その点、樹木希林はお手本のような準備をして亡くなったと言われています。

たくさんのドラマや映画、CMに出演した樹木の資産は多額でした。とりわけ不動産は何件も所有していただけに、早くから相続の準備をしておかなかったら莫大な相続税が発生したはずです。樹木が初めて遺言書を書いたのは、2004年にがんと診断され、手術を受けた後です。記者会見でこう話しています。

「万が一のことを考えて、字が書けるうちに不動産やら私の持ち物を誰にとか、やることをやっちゃおうと思って。あ、これなら大丈夫。死ねるなと思った」

がんのよいことの1つとして、樹木は「準備ができること」を挙げていますが、樹木が早くから相続について考え準備したのは「自分のことを自分で始末していくのは大人としての責任だと思うから」という責任感からだったのです。

WORDS OF KIRIN KIKI 69

悪い言葉、辛い言葉はいい言葉に置き換える

「痛い」じゃなくて、
「ああ気持ちいい」って言い換えちゃう。

▼『一切なりゆき』

パナソニックの創業者・松下幸之助は、どんな苦しい状況でも、いつも明るく前を向くために、言葉の使い方1つにも気を配るべきだとして、こう言っています。

「苦しむことを難儀と置き換える。難儀はしました。明日食べるご飯がないという生活に直面したことがありますから、非常に難儀はしました。しかし苦しむということはない」

言い方を変えたとしても現実が変わるわけではありませんが、言い換えることで気持ちが前向きになれば、人はそれだけで頑張ることができるのです。

樹木希林は亡くなる2～3カ月前になっても、杖をついて知り合いの店を訪ねることがあったといいます。背中などかなり痛かったようですが、「出かけていた方が気分転換になるし、それがいいのよ」と話し、仕事もこなしていました。大変なエネルギーと意志の強さです。

樹木は、放射線治療の後遺症か、「肩がゴキン、ウァッとなる時も、『痛い』ではなく、『ああ気持ちいい』と言い換え」ていたといいます。やせ我慢と言えるかもしれませんが、言い換えることで悲壮にならず、痛みをあるがままに受け入れることができたのではないでしょうか。

言葉には不思議な力があるのです。

WORDS OF KIRIN KIKI 70

逃げず、闘わず、がんと上手に生きていく

「闘病」って言葉がよく使われるけどさ、私は「闘病」というのをした記憶がないのね。闘わないから。

▼『この世を生き切る醍醐味』

最近では、がんをはじめとして、病気に罹《かか》った時に病名を公表する芸能人が少なくありません。それだけでなく、闘病の様子をSNSなどで発信する人も増えています。その様子を見ることは、同じ病に苦しむ人にとっては力になるし、ファンにとっては共に闘っている気持ちになれるようです。

一方、樹木希林の場合は自ら全身がんであることを公表はしていますが、「がんと闘っている」と語ることはありませんでした。「『闘病』って言葉がよく使われるけどさ、私は『闘病』というのをした記憶がないのね。闘わないから」が樹木の言葉です。

樹木とがんとの付き合いはあくまでも自然体でした。1年に1回、鹿児島の病院に行って放射線照射を受けます。1日につき10分という短い時間ですが、最初は1カ月かけて行っていました。それはがんをやっつけるというよりも、がんの進行を抑えながら生活の質を下げることなくがんと付き合っていくようなやり方でした。病気が見つかれば、完治を目指して全力で闘うのが普通ですが、逃げもせず、やっつけもせず、がんも含めて病と上手に付き合うことが、生きる醍醐味だと樹木は考えたのです。

WORDS OF KIRIN KIKI 71

肩肘張らず、自分が美しいと思える生き方をしよう

だって、言ったって、しょうがないじゃない。

▼『この世を生き切る醍醐味』

人間というのは少しでも具合が悪いと、「痛い」とか「しんどい」とか言いたくなるものですが、娘の内田也哉子《ややこ》によると、樹木希林は全身がんという病を抱えながらも、一度たりとも「辛《つら》い」とか「痛い」とか、弱っているところを見せたことがなかったといいます。

それは1年ほど鎖骨が折れたままになっていた時も同様でした。也哉子は「なんか動きがぎこちないなあ」と感じていましたが、樹木は何も言わず、何かの時に「ほら、私ここの骨が折れてるからさ」と言われて驚いたといいます。也哉子が「どうして言わないの？」と問い詰めると、こんな言葉が返ってきました。

「だって、言ったって、しょうがないじゃない」

がんや骨折に限らず、夫・内田裕也のことなど気苦労の多いことがたくさんあったはずですが、それでも樹木は「痛い」「しんどい」とは言っていません。

では、無理をして虚勢を張っていたのかというと、そうでもありません。言っても仕方のないことは言わず、かといって必死になるわけでもなく、絶望もせず、気楽にやっていますという雰囲気でいるというのが樹木の考える「自分が美しいと思える生き方」だったのです。

WORDS OF KIRIN KIKI 72

死ぬ覚悟は生きる覚悟につながる

がんになったことは
ありがたいことなんだから、（中略）
このことを大事にして、
そして生きましょうよ。

▼『老いの重荷は神の賜物』

病の経験は人を変えていきます。アップルの創業者スティーブ・ジョブズは2004年にすい臓がんと診断され、一度は死を覚悟しています。幸い手術は成功しますが、死と向き合ったことでジョブズは限られた時間をいかに生きるかをこれまで以上に真剣に考えるようになり、人々のために何が残せるかを考え、iPhoneやiPadを世に送り出しました。

樹木希林も乳がんを経て全身がんになっていますが、「がんになったことは意味があるの」と前向きにとらえていました。がんになったことで「人生って、そんなに長くないんだなあ」と実感し、こう考え始めました。

「がんになったことはありがたいことなんだから、これでもう死ぬのか？　一瞬でも、自分はもう命がないんだ……と思えた。このことを大事にして、そして生きましょうよ」

がんになったことで樹木は死を強く意識するようになります。しかし、同時に「病気というものも、やはり神からいただいた賜物だ」とも考えるようになったことで、深刻にならず、普通に生活することができるようになったといいます。

死を覚悟することは、よりよく生きる覚悟につながるものなのです。

WORDS OF KIRIN KIKI

73

ご意見番や伝道師ではなく、自分らしく生きていく

私、がんとか死とかの
伝道師みたいになってるけど、
私だって、死んだことないんだから
分からないわ。

▼『この世を生き切る醍醐味』

経験を積んだ芸能人がいつの間にか「ご意見番」と呼ばれる存在になることがよくあります。俳優や歌手、タレント、芸人と仕事はさまざまですが、テレビのワイドショーなどに登場して世の中の出来事について自分の意見を口にします。

樹木希林もがんになって以降、新聞や雑誌などさまざまなマスコミのインタビューを受け、がんや死に対する考え方などを話す機会が増えましたが、そこには「ご意見番」的な押しつけがましさはありませんでした。娘の内田也哉子《ややこ》によると、晩年には「私、がんとか死とかの伝道師みたいになってるけど、私だって、死んだことないんだから分からないわ」と言っていたといいます。

樹木が亡くなった後、樹木に関するたくさんの本が出ていますが、樹木自身は自分で自分について本を書くことはありませんでしたし、誰かに書いてもらおうとも思っていませんでした。フリーライターの武田砂鉄によると「私が私のことを一番よく知っているのに、誰かに書いてもらおうなんて思わないわ」と静かに笑う姿が印象的だったといいます。樹木は自信を持って人生を歩みながらも、それを誰かに押しつけることはありませんでした。

WORDS OF KIRIN KIKI

74

生きるのも死ぬのも上手でありたい

最期は娘に上出来！　と言ってもらいたいと思うわね。

▼『おとなの週刊現代』

樹木希林の両親は2人とも74歳で亡くなっています。母親はすい臓がん、父親は心臓病でしたが、ともに「床に伏して1週間ぐらいで」亡くなっており、そんな両親を見てこう思ったといいます。

「子どもとしては、とてもありがたくて、上出来！　と思いました」

樹木は「上出来」という言葉がとても好きで、自らの人生についても「誰も言ってくれないから、自分で言うけれど、私は自分の人生『上出来』だと思っていますよ」と話しているほどです。樹木によると、「人生、上出来だわ」と思っていると、愚痴や不満を口にすることはなく、たとえ物事がうまくいかなくても常に前向きに生きていくことができるといいます。

そんな樹木だけに、自分も「両親と同じように最期は娘に上出来！　と言ってもらいたいと思うわね」と話していましたが、也哉子が「動きの一つ一つが最期に向かっていたんだな」と感心するほどまさに樹木の思い描いた通りになったようです。

樹木は「今の人たちは死に上手じゃなくなっちゃってるよね」と話していましたが、樹木自身は生きるのも上手なら、死に際も上手な、そんな人生でした。

WORDS OF KIRIN KIKI

第七章

人生の勘どころ

WORDS OF KIRIN KIKI 75

短所を長所と読み替えよう

しゃべるのが苦手とありますが
逆に人の言葉を聞く耳が育ちます
短所でなく長所と受け取るのも特技デス

▼『樹木希林さんからの手紙』

これは樹木希林が「しゃべるのが苦手で、将来の目標が空白」という大学生宛てに書いた手紙の中の一節です。それに先立ち樹木は「口を利かない子どもでネわたし」と書いていますが、その文章通り樹木は子ども時代、「ほとんど口を利かない子ども」だったといいます。

樹木がテレビドラマ『七人の孫』に出た時、近所の人たちが「あの子がテレビに出てるって、そんなわけがない」と驚くほど、その声を聞いたことがなかったというのですから、かなりのものです。

しかし、口を利かない代わりに樹木が身につけたのが「人の言葉をよく聞く」ことであり、「人をよく観察する」ことでした。その長所が評価されたのが文学座の研究生への応募でした。1000人ほどの応募者の中から選ばれた樹木ですが、合格の決め手は「耳がいい（他人のセリフをよく聞いている）」からだったのです。

営業社員で優秀な成績を上げる人の中に話し上手は案外と少なく、聞き上手の人が多いといいますが、話すのが苦手な分、相手の話をよく聞く人だからなのでしょう。

短所を長所と考えて、長所を伸ばせばいいというのが樹木からのアドバイスです。

WORDS OF KIRIN KIKI 76

人を頼らず、依存せず、自分で考える人であれ

私の話で救われる人がいるって？
それは依存症というものよ。
自分で考えてよ。

▼『心底惚れた』

2018年に樹木希林が亡くなると、テレビや雑誌などが、生前樹木が口にしていたたくさんの名言を紹介するようになりました。本書もそうですが、樹木の言葉を集めた本もたくさん世に出ました。

生前、樹木のインタビューを行ったことのあるフリーライターの武田砂鉄によると、樹木は言葉に厳しい人でした。慣習や常識をなぞるだけの言葉を嫌い、自らの言葉を吟味し、かといってそれを他者に押しつけることもせず、「どうぞ、ご自由に」と相手に委《ゆだ》ねた人でした。

全身がんを公表して以来、樹木のところには「老い」や「死」に関する取材依頼が殺到したといいます。そんな依頼に対し、樹木は「私が取材を受けるメリットはどこにあるの？」と質問します。「あなたの話で救われる人がいる」という返答に対し、樹木はこう言いました。

「私の話で救われる人がいるって？　それは依存症というものよ。自分で考えてよ」

樹木によると、自分はどうしたいか、何をするべきかについて、自分の頭で考えることが大切なのです。時に人に頼るのも構いませんが、もし誰にも助けを求められない時には、自分で考えるほかないだけに、人を頼らず、依存せず、自立することが何より大切なのです。

WORDS OF KIRIN KIKI 77

人間の性を知り、仕事を面白がろう

歳を取ると人間が成熟するとは大間違い、不自由になった分だけ文句が出るの自分を見てるとよく解る。

▼『樹木希林さんからの手紙』

この一文は社会福祉関係の専門学校に通い、やがて介護施設などで働くようになった若者に宛てた樹木希林の手紙に書かれたものです。

『論語』によると、孔子は「六十にして耳順《みみしたが》う＝人の言うことを聞いて素直に理解できるようになるのは60歳になってからだ」「七十にして矩《のり》を踰《こ》えず＝自分の行動をコントロールできるようになるのは70歳くらいになってからだ」と、年を取ると成熟した立派な人間になると言いますが、「そんなことはない」というのが樹木の見方です。

樹木は福祉関係の仕事を目指す若者に「人生の大先輩からたくさんのことを学びなさい」などときれいごとは言いませんでした。それどころか「人生の大先輩はひと筋縄ではいかない」と、年を取り、あちこち不自由になればなった分だけ文句も出るものだと、自らの経験を踏まえて辛口のエールを送っています。

たしかに、樹木の言うように、人は年を取ったからといって聖人君子になるわけではありません。だからこそ、そんな人間の性《さが》を知り、「仕事を面白がる」ことが大切だというのが樹木からのアドバイスでした。

WORDS OF KIRIN KIKI 78

「人はみな違う」と知ってこそ、人を理解できる

陽が当たり過ぎて枯れるかと思えば、
日陰だからきれいに咲く花もある。

▼『樹木希林さんからの手紙』

この一文は将来教師を目指す若者に向けて樹木希林が書いた手紙の一節です。

教師というと、どうしても勉強を教える仕事と思われがちですが、樹木はそれだけではなく「寄り添い、共に育つこと」が大切だと説いています。そしてそのために欠かせないのが、樹木が唱えていた「法華経」にある「太陽も雨も風も、わけへだてなく降り注ぐけれども、木の持つ性質でうまく育つものもいれば、根腐れする樹もある、陽が当たりすぎて枯れるかと思えば、日陰だからきれいに咲く花もある」という教えでした。

木や草花にはさまざまな種類があり、日向《ひなた》を好むものもあれば好まないものもあります。あるいは、たっぷりの水を必要とするものもあれば、そうでないものもあります。人間の持つ性質もさまざまです。同じように教え導いても、その学び方や感じ方はさまざまで、みんなが同じように育つわけではありません。

樹木は教師という大変な仕事を目指す若者に「生徒は一人ひとり違う」ということを頭に入れたうえで教え導くことこそが大切だと伝えたかったのでしょう。教師に限らず、「人はみな違う」と知ってこそ、人は人を理解することができるのです。

WORDS OF KIRIN KIKI 79

「どう見られるか」よりも「人としてどう生きるか」

おごらず、他人と比べず、面白がって、平気に生きればいい。

▼『いつも心に樹木希林』

この言葉は樹木希林の葬儀で、喪主代理を務めた娘の内田也哉子《ややこ》が「いつか言われた母の言葉」として紹介したものです。

いずれも簡単にはできないことですが、中でも最も難しいのが「他人と比べず」です。樹木は小学校の運動会に出てもいつもビリでしたが、父親に「恥ずかしい」と言われてもまったく気にならなかったといいます。理由は「頭が悪かったわけではなく、人と比較しなかった」からで、後年、「今となっては、それがよかった」とも話しています。

たいていの人は自分と他人を比べたがるものです。ましてや芸能界の人間なら人気やギャラ、賞など嫌でも比較がついて回るはずですが、「自分が自分の作品を批評する」ことはあっても、他人の批評は気にしないといいます。理由は「他人と比べると価値観がフラフラしちゃうから」であり、それが樹木の比較とは無縁の生き方につながっています。

他人の批評ばかりを気にしていると、「他人によく言われたいから」「他人によく見られたいから」と自分らしい生き方ができなくなってしまいます。「傍《はた》からどう見られるか」ではなく、「人としてどう生きるか」を大切にした、いかにも樹木らしい言葉だったのです。

WORDS OF KIRIN KIKI

80

形だけでも笑っていると嫌なことから抜け出せる

しんどいんだけど、
その時に「しんどい」って顔をしないで、
笑うの。笑うのよ。

▼『9月1日母からのバトン』

しんどい時や辛《つら》い時、人はどうしても暗い顔になりがちですが、そんな時にも「笑う」方がいいというのが樹木希林の持論です。

樹木によると、昔の井戸の手押しポンプはいくらシュポシュポ押しても最初は空気しか出てこないことがありましたが、そんな時にも呼び水をしたり、懲《こ》りずにシュポシュポやっているうちにだんだん水が汲み上がって来て、そのうち一気に出てくるようになったといいます。

人間もそれと同じことです。たとえしんどくても、樹木はしんどい顔をせず、自分で自分に「あんた、頑張ったわよ」と言いながら、自分の頭をなでて笑っていたといいます。そうやって笑いながら、「いいなあ、いいなあ」と声に出します。気持ち的にはしんどいわけですから、本来、笑うどころか泣きたい気持ちですが、それでも形だけでも笑い、自分で自分をほめているうちに、徐々に嫌なことは忘れ、こわばっていた表情も少しずつほぐれて本当に笑えるようになってくるのです。

気持ちはどうあれ、「顔で、形で、嬉しいっていうふうにしてるうちに、忘れちゃう」というのが、樹木のしんどさから抜け出す知恵でした。

「樹木希林」参考文献

『この世を生き切る醍醐味』樹木希林著、朝日新書

『一切なりゆき～樹木希林のことば～』樹木希林著、文藝春秋

『老いの重荷は神の賜物』樹木希林著、集英社

『9月1日　母からのバトン』樹木希林、内田也哉子著、ポプラ社

『樹木希林　120の遺言』樹木希林著、宝島社

『心底惚れた　樹木希林の異性懇談』樹木希林著、中央公論社

『樹木希林さんからの手紙　人生上出来!と、こらえて歩こう』
NHK『クローズアップ現代+』+『知るしん』制作班著、主婦の友社

キネマ旬報ムック『いつも心に樹木希林　ひとりの役者の咲きざま、死にざま』
キネマ旬報社

週刊現代別冊『おとなの週刊現代　完全保存版　樹木希林さんが教えてくれたこと』講談社

桑原 晃弥
くわばら てるや

1956年、広島県生まれ。経済・経営ジャーナリスト。慶應義塾大学卒。業界紙記者などを経てフリージャーナリストとして独立。トヨタ式の普及で有名な若松義人氏の会社の顧問として、トヨタ式の実践現場や、大野耐一氏直系のトヨタマンを幅広く取材、トヨタ式の書籍やテキストなどの制作を主導した。一方でスティーブ・ジョブズやジェフ・ベゾスなどのIT企業の創業者や、本田宗一郎、松下幸之助など成功した起業家の研究をライフワークとし、人材育成から成功法まで鋭い発信を続けている。著書に『人間関係の悩みを消すアドラーの言葉』『自分を活かし成果を出すドラッカーの言葉』（ともにリベラル社）、『スティーブ・ジョブズ名語録』（PHP研究所）、『トヨタ式「すぐやる人」になれるすごい仕事術』（笠倉出版社）、『ウォーレン・バフェット巨富を生み出す7つの法則』（朝日新聞出版）、『トヨタ式5W1H思考』（KADOKAWA）、『1分間アドラー』（SBクリエイティブ）、『amazonの哲学』（大和文庫）などがある。

イラスト　ハセガワシオリ
デザイン　宮下ヨシヲ（サイフォン グラフィカ）
校正　土井明弘
編集　安田卓馬（リベラル社）
編集人　伊藤光恵（リベラル社）
営業　竹本健志（リベラル社）
制作・営業コーディネーター　仲野進（リベラル社）

編集部　近藤碧・山田吉之・鈴木ひろみ・尾本卓弥
営業部　津村卓・澤順二・津田滋春・廣田修・青木ちはる・春日井ゆき恵・持丸孝・榊原和雄

自分らしい生き方を貫く 樹木希林の言葉

2021年9月28日　初版発行
2024年7月17日　10版発行

著　者　桑原　晃弥
発行者　隅田　直樹
発行所　株式会社 リベラル社
〒460-0008　名古屋市中区栄3-7-9　新鏡栄ビル8F
TEL 052-261-9101　FAX 052-261-9134
http://liberalsya.com
発　売　株式会社 星雲社（共同出版社・流通責任出版社）
〒112-0005　東京都文京区水道1-3-30
TEL 03-3868-3275
印刷・製本所　株式会社 シナノパブリッシングプレス

ISBN978-4-434-29387-0　C0095

531005

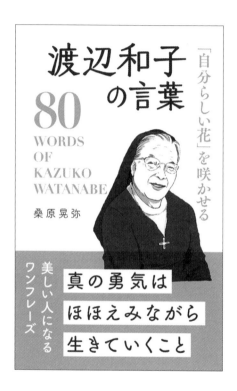